Albert BESSIÈRES

Le Train Rouge

Deux ans en Train sanitaire

DEUXIÈME ÉDITION

PARIS
GABRIEL BEAUCHESNE

1917

LE TRAIN ROUGE

Deux ans en Train sanitaire

SYNDICAT DES ÉDITEURS
MAJORATION TEMPORAIRE DE
20 %
SUR LE PRIX MARQUÉ
Décision du Syndicat des Éditeurs du 27 Juin 1917
Librairie GABRIEL BEAUCHESNE

DU MÊME AUTEUR

Collection Hostia, récits (Parvuli; Parvuli II; La Faim du Pauvre; Pour vivre; Pour rebâtir la cité), en brochures séparées et en 1 vol., 3 fr. 50; Casterman et Bureaux de l'Apostolat, 9, rue Montplaisir, Toulouse.
    Dix-huit traductions.

L'Œuvre eucharistique : **Ligues eucharistiques**, 1 vol., 2 francs. Casterman et Bureaux de l'Apostolat.

La Croisade des Enfants, 1 vol., sous presse. Paris, Gabriel Beauchesne; Toulouse, Bureaux de l'Apostolat.

Ames Nouvelles (Pierre Lamouroux; Instituteurs-soldats.— Une Promotion de l'Espérance). Crès, 116, boulevard Saint-Germain, 3 fr. 50.

Pour paraître prochainement :

De l'Art à la Foi (Jean Thorel : L'Artiste; Le Converti; L'Encensoir scénique de la Sainte-Eucharistie; La Croisade scénique de réparation sociale).

Tous droits de traduction, de reproduction et d'adaptation réservés pour tous pays.

Albert BESSIÈRES

LE TRAIN ROUGE
Deux ans en Train sanitaire

Retour d'exil. — Verdun. — La Débâcle. — Dernières angoisses. — L'Etau. — Saint-Mihiel. — Lérouville. — La Toussaint en Argonne. — Noël en sanitaire. — Domremy.

1915. — Les Docteurs de la Sainte Pauvreté ; Ars et Châtillon-lez-Dombes. — Les Humbles à l'honneur : Louis Léculier. —Jeunesse nouvelle. — De l'ossuaire de la Marne au front de Champagne. — Le Camp de Châlons

1916. — La Bataille de Verdun. — L'« Eternelle recommenceuse »; Sermaize. — La Fête du Sacré-Cœur. — Notes et Crayons : 1. Prêtres (ambulanciers, aumôniers, terrassiers et manœuvres) ; 2. Troupes noires (Laminé Samaké, Malgaches).

« Nescio quid Majus »; la Bénédiction de Lyon.

DEUXIÈME ÉDITION

PARIS
GABRIEL BEAUCHESNE
117, Rue de Rennes, 117

1916

PREMIÈRE PARTIE

1914

I

Retour d'exil

S'Heeren-Elderen (Belgique).

Liége-Paris.

Samedi 1ᵉʳ août 1914. — Les novices dorment. Dans les douves, dans les étangs qui entourent le vieux Kasteel flamand, les poules d'eau sont endormies parmi les grands roseaux et les glaïeuls. Les hautes futaies du parc sont immobiles, c'est la paix lumineuse de la nuit qui commence. A perte de vue, vers Tongres et Maestricht, les blés mûrs, les épis lourds, s'inclinent vers la terre noire, profonde où le soc se perd.

Minuit. — Le bourdon de Tongres sonne le tocsin faisant écho aux bourdons lointains de Liége, d'Herstal. Les petites cloches des villages flamands se sont éveillées sous les peupliers et les aulnes, elles sonnent le tocsin vers Bilsen, elles sonnent l'appel aux armes parmi les solitudes de la campine où les abeilles butinent les bruyères en fleurs, et là-bas, là-bas, très loin les beffrois de Hasselt, de Louvain, couvrent de leur voix haute et claire l'appel aigu des petits clochers. Chaque église a son drapeau, chaque église sa cloche qui sonne.

Trois heures du matin. — Les gendarmes se présentent au perron du château :

« Nous venons prendre votre cheval. »

Pauvre vieux Fritz !

Six heures. — Voici M. le Bourgmestre :

« Il me faudrait trois bêtes à cornes, mille kilogrammes de pain. Le village doit avoir fourni demain matin à l'intendance de Liége cent bêtes à cornes, cent mille kilogrammes de fourrages, etc. Tous les jeunes gens sont déjà partis pour Bruxelles, Liége, Louvain. La France n'a pas encore lancé l'ordre de mobilisation. Cela ne tardera guère [1]. Au revoir, mes Pères. »

Huit heures. — Les trains se succèdent à une demi-heure d'intervalle. Aux portières, les conscrits regardent en silence les champs de blé où la moisson commencée ne sera jamais finie. Ils ont aperçu le groupe de religieux français exilés qui, au bord de la voie, les saluent de la main et de toutes

---

1. L'ordre de mobilisation générale de l'armée française a été lancé le samedi 1er août à quatre heures.

Le lundi 3 août, l'Allemagne déclarait la guerre à la France et à la Belgique.

leurs poitrines un cri unanime jaillit : « Vive la France », puis c'est la *Marseillaise* qu'ils entonnent. Le train arrive à Tongres, on entend encore les notes de l'hymne national.

Midi. — Le Père Maître a réuni les novices, qui vont partir. Il a dit peu de paroles, à quoi bon ? Notre devoir est clair : La France nous a chassés, la France est en danger, nous allons la défendre. Tout cela n'a pas besoin d'être dit, puisque chacun le sait.

Nous allons visiter nos morts, ils sont là, tout près, dans le petit cimetière qui entoure l'église; les croix blanches se pressent. Ils sont nombreux ceux qui, depuis quatorze ans, se sont endormis sur la terre d'exil. C'est déjà comme une alliance sacrée entre la France et la Belgique, nous avons mêlé la poussière de nos morts à la poussière de ses morts. Demain, ce sera l'alliance du sang.

Deux heures. — En route, vers Tongres. On se retourne au sortir du parc pour saluer le vieux Kasteel dont le toit en échelle et les pignons sculptés érigent leur masse grise au-dessus des hêtres pourpres. Pauvre noviciat ! avant que nous ayons pu défendre la France, nous qui partons, il aura souffert pour elle. Ceux qui restent n'ont rien à envier, leur martyre va commencer demain.

Chemin faisant, nous croisons quelques curés. Ils ont un bon sourire ami. Nous ne les reverrons plus. « Vous êtes l'âme de la résistance », leur dira demain l'envahisseur, « c'est pour cela que nous vous fusillons. »

Tongres.

Sous le pont du chemin de fer, des soldats du génie installent des boîtes de dynamite. Les dix-huit boîtes encastrées dans le mur de briques sont reliées à la gare par des fils électriques. L'officier nous a aperçus, il se redresse, joint les talons et, tandis que les proscrits passent, fait le salut militaire.

Liége.

Le train stoppe, la foule remplit les halls, je cherche des visages connus, ceux de mes anciens élèves du collège Saint-Servais. Personne. Ils ont déjà rejoint l'armée belge. On se retrouvera, peut-être, sur le champ de bataille.

« Vive la France! Vive la France! » La foule qui encombre les quais s'est écartée. C'est une section compacte de religieux exilés qui vient servir la France : Capucins, Franciscains, Dominicains, Lazaristes, Frères des écoles chrétiennes. Ils sont tous là, devançant l'appel.

Et je me rappell cette nuit du mois de septembre 1901, où, pour la première fois, je traversai la **gare de Liége. La France nous chassait.** Du rapide

Paris-Cologne des exilés étaient descendus sur les quais en lamentables cortèges. Une communauté de Sœurs franciscaines gardes-malades s'était groupée à l'entrée de la marquise. Elles étaient là, immobiles, incertaines.

Soudain, d'un wagon, quatre hommes d'équipe descendirent un brancard, aidés par deux religieuses. Les gens s'étaient groupés. Une religieuse infirme était là étendue sur le brancard, quelques mèches de cheveux blancs sortaient de son béguin de toile, elle avait ramené son voile noir sur sa poitrine, le rosaire pendait hors du brancard, elle le prit dans ses mains et pria.

Son crime était grand. Sœur hirondelle, elle avait, une vie durant, gravi l'escalier des mansardes pour soigner, consoler. Elle avait été la messagère d'un peu de printemps céleste dans cette misère. On la chassait. « Ah! les misérables! les misérables! » en entendant ce mot poussé par la foule, j'avais quitté la portière, je m'étais assis dans un coin, rougissant, retenant mes larmes parce qu'on venait de juger la France.

Maintenant les proscrits revenaient avec le laissez-passer de l'invasion.

L'express de Paris s'ébranla, au milieu des vivats. La Belgique, devinant bien d'où viendrait l'agression, se tourne d'instinct vers cette France qui une première fois l'a aidée à conquérir sa liberté.

Nous remontons la vallée de la Meuse. Des deux côtés de la voie, des équipes d'ouvriers creusent des tranchées. Des attelages de chiens amènent les mitrailleuses.

Namur.

Les mobilisés français, penchés aux portières, entonnent la marche de *Sambre-et-Meuse*.

Erquelines.

Dernière gare belge. Il faudra aller à pied jusqu'à *Jeumont*, la gare française. Les premières étoiles paraissent dans le ciel clair, la caravane des mobilisés français chemine en silence entre les champs de froment où la moisson est commencée. Les gerbes dressées dans les sillons font songer à des sentinelles en faction. Une voiturette nous précède, trois têtes blondes un peu inquiètes regardent de leurs grands yeux étonnés. Un mobilisable pousse la voiture; la femme, à côté, porte un paquet de hardes. Les religieux proscrits ferment la marche, leur valise sur l'épaule.

A quelques pas de la frontière, la route descend, passe sous le pont du chemin de fer. Un képi rouge, le premier. Un réserviste en bourgeron et culotte rouge, baïonnette au canon, garde la voie.

Lui aussi a aperçu le groupe des proscrits, il s'est redressé, l'arme au pied, les talons joints et d'une voix forte nous a crié : « Vous revenez, bonne chance, et Vive la France! » D'une voix qui veut être ferme nous répondons : « Vive la France... »

A *Jeumont*, la foule aux abords de la gare acclame les mobilisés. Nous arrivons à notre tour. A notre vue, il y a d'abord un moment de stupeur, puis c'est un déchaînement. On a compris. Une immense acclamation monte : « Vive la France! » Le chapeau à la main, nous répondons : « Vive la France! » On prend nos valises. Des mains se tendent, serrent nos mains, des paroles se croisent : « Vivent les exilés! Vivent les religieux! Ah! mes Pères, ils vous ont chassés et vous revenez pour les défendre! c'est bien! Priez pour nous... »

II

La Mobilisation

Paris.

Lundi 3 *août* 1914. — Dans un confortable wagon de troisième classe, une dizaine de réservistes, tous pères de famille, résignés, graves, fiers. Mon voisin de droite, gendarme en retraite, me conte son histoire : « Vingt-quatre ans de service. J'ai quitté pour devenir concierge à Paris. Ça marchait, quand, au mois d'avril dernier, une maladie de poitrine m'a mis au lit. Alors la misère a commencé. N'importe, quand on m'a dit : « C'est la guerre », j'ai voulu me lever ; ma femme a pleuré, vous pensez, les enfants aussi ; j'en ai six. Voyez-vous, Monsieur, il faut sauver la France. Devrions-nous aller à Berlin sur nos genoux, on ira. J'ai dit à ma femme : « Tu te présenteras demain au Bureau de bienfaisance, tu auras 1 fr. 25 pour toi, 0 fr. 50 pour chaque enfant, vous ne mourrez pas de faim. Moi, je n'ai besoin de rien. » Et je suis parti. Ah! tenez, si on s'écoutait, on aurait plus envie de pleurer que de parler. — Oui, ajoute mon voisin de gauche, un valet de chambre, moi je suis parti sans voir ma femme et mes enfants. Il y en a en France qui vont prier ce soir. »

Tous gardent le silence. J'ouvre alors ma boîte à médailles. « Avez-vous tous votre médaille ? — Oh! oui. » Ils ouvrent leur porte-monnaie, déboutonnent leur gilet pour me montrer. « Ça n'empêche pas, ajoute Pandore, qu'on serait content d'en avoir une autre. C'est peut-être pas la même. »

Orléans.

Les tours de la cathédrale qui virent le triomphe de Jeanne la Pucelle, qui entendirent les *Te Deum* de la délivrance, montent sur l'horizon ardent. Ah! Jeanne! Jeanne! il y a encore grande pitié au Royaume de France.

Le train avance lentement, s'arrêtant à tous les aiguillages pour laisser passer les trains qui emportent vers le Nord et vers l'Est les troupes de l'active. Nos réservistes utilisent les arrêts pour pavoiser le train. Des drapeaux tricolores, des brassées de verdure couvrent la machine. Sur le tender, un loustic a dessiné le profil de Guillaume; aux arrêts, des soldats s'amusent à le poignarder à coups de canifs.

Toulouse.

Jeudi 6 août. — *Rue de Rémusat.* J'ai quitté ma soutane, pris une culotte rouge, chargé mon sac.

L'officier d'administration a consulté mon livret et m'a regardé avec un étonnement mêlé de quelque admiration : « Vous avez voyagé, Monsieur l'abbé ! Belgique, Hollande, Angleterre. Depuis quatorze ans votre livret court les consulats étrangers. — Oui, les consulats de l'exil. — Ah ! » Il a gardé un instant le silence, puis prononcé : « Soldat de deuxième classe, affecté au train sanitaire improvisé n°... de la n^e section. »

Deux heures après, nous roulons en wagons à bestiaux vers Montauban.

Mon voisin, un charretier de S..., assaisonne sa conversation de quelques blasphèmes... affaire d'habitude ; je lui tape sur l'épaule : « Il ne faut pas jurer, vieux, quand on va à la guerre. — Ça c'est bien vrai, Monsieur. — Tu as ta médaille ? — Oui, j'en ai même quatre... voyez. — Et vous, Monsieur le pharmacien ? — Moi, pour sûr que j'en ai une. Vous croyez que ma femme m'a laissé partir comme ça ? — Moi, ajoute un larbin de Bordeaux, j'en ai six ; chaque domestique de la maison m'en a donné une, puis ils se sont cotisés pour me faire dire une messe. »

Vers Troyes.

10 *août* 1914. — L'ordre de départ arrive le lundi 10 août. Trois jours et trois nuits de fourgon sous un soleil de plomb. Un pharmacien a pris place à côté de moi et tout de suite il vient au fait : « Je

viens pour me faire convertir. — Oh! oh! — C'est comme ça; je suis le bras droit de M... dans notre canton. A notre dernière entrevue, je lui disais : « Vous êtes heureux d'avoir la foi. Car vous l'avez, vous l'oubliez parce que vous voulez rester ministre. Moi je ne l'ai pas et j'en souffre. J'ai perdu ma femme, je n'ai pas d'enfants. Rien ne m'attache plus à la vie. — Et votre écharpe de maire ? — Mon écharpe de maire, je m'en fiche, comme je me moquerais d'un portefeuille de ministre. Tout cela ne donne pas une once de bonheur. S'il n'y a rien là-haut, la vie est absurde. Je ne vois qu'un bonheur possible, la foi; et la foi je ne l'ai pas. » Il s'arrête. « Que faut-il que je fasse, Monsieur l'abbé, pour trouver la foi ? — D'abord la désirer, être prêt à l'accueillir malgré les sacrifices qu'elle entraîne, et puis prier. — Je prie, Monsieur l'abbé. Hier dimanche, je suis allé à la messe; le soir je suis revenu à l'église, j'y suis resté une heure. Mais je ne sens rien, je ne vois rien. — Vous êtes pourtant dans le bon chemin. Mais la foi est un trésor qui s'achète par le travail. Saisissez toutes les occasions de vous instruire, continuez à prier. L'heure de Dieu viendra. » Et nous ouvrons une boîte de « singe » pour dîner.

Saint-Florent, près Bourges.

La nuit est venue. On annonce une halte de huit heures. Les habitants ont été si gentils! il faut les remercier et voilà qu'à la lueur des quinquets et des torches un théâtre s'improvise sur la plateforme d'un fourgon. Un clown du cirque C... paraît le premier, sa médaille de la Sainte Vierge bien en évidence sur sa tunique. « *Dans les cieux* », annonce-t-il, et il chante. L'aviateur, tous les matins, prenait son vol sous le grand ciel. Un jour il revient, la croix de la Légion d'honneur à la boutonnière et son petit d'interroger : « Papa, pourquoi cette médaille ? — Je l'ai prise dans les nuages, tout là-haut dans les cieux, c'est une étoile du bon Dieu. » Puis l'aviateur ne revient pas, il est monté près du *Bon Dieu*. Et le petit d'interroger : « Papa ne revient pas ? » Petit père est dans les nuages, tout là-haut, là-haut dans les cieux, sans doute qu'il était bien sage, on l'a gardé près du bon Dieu, près du bon Dieu.

Pauvre musique, vers plus pauvres encore. Mais le clown s'est mis à genoux, les mains jointes, les yeux au ciel, pour répéter son refrain : près du bon Dieu, près du bon Dieu. Un silence s'est fait dans la foule, on applaudit, on pleure, on crie : *bis, bis*. Il faut recommencer deux fois et trois fois. Tous les soldats reprennent en chœur : Près du bon Dieu... Près du bon Dieu. Puis c'est un prêtre qui paraît. Il entonne le *Credo du Paysan*. Après lui, un forain chante une chanson comique, mais décidément, ce n'est pas du comique ou du grivois qu'il faut, on proteste, on réclame de nouveau le *Credo*, le *Clairon* de Déroulède.

Troyes.

Mercredi 12 *août*. — L'épreuve commence, la plus dure, celle de l'inaction, du tohu-bohu des ordres et des contre-ordres quotidiens.

Nous arrivons à la nuit noire exténués, et, sac au dos, ventre creux, enfilons la rue de Paris.

Nous trottons par les rues à la recherche d'un cantonnement qui se dérobe. Les deux sergents qui nous conduisent perdent la tête, brouillent les numéros. Les hommes s'impatientent, les jurons éclatent. Après bien des marches et contre-marches on finit par nous parquer rue des *Marots*, dans une écurie sans paille où l'on piétine dans la boue.

Jeudi. — Rien à faire qu'éplucher patates et carottes pour la soupe. On a apporté quelques bottes de paille. Un curé-soldat s'est installé dans un coin et a commencé à faire le catéchisme, assis sur son sac. Trois gamins le regardent, grignotant des biscuits. « Vous avez fait votre première communion ? — Non, nous ne sommes pas baptisés. — Voulez-vous une médaille ? — Oui. » Un pioupiou la leur attache avec une ficelle. « Maintenant, il faut apprendre les prières. Voulez-vous ? — Oui, oui. — Notre Père, répétez. — Notre Père. » Les soldats se sont groupés, écoutent, soufflent aux gamins les mots oubliés.

Dans la rue où je me suis assis, à l'ombre du mur, pour dire mon chapelet, un gamin s'approche. « Bonjour, M'sieu. — Bonjour, petit. De quelle paroisse? — Saint-Martin. — Tu as fait ta première communion? — Oh! oui, à six ans. J'en ai dix. — Et tu communies souvent? — Tous les jours. Maintenant je vais me confesser. — Tu te confesses souvent? — Quand j'ai des péchés. »

Samedi 15 *août.* — *L'Assomption.* — Devant l'école Casimir-Périer, devenue l'hôpital d'évacuation 22, les fourgons de la Croix-Rouge se succèdent. Dans la cour, les médecins en blouse blanche font le triage des blessés à la lueur des torches. La foule regarde. La foule pousse un cri : « Oh ! » C'est un blessé livide, le visage en sang, le cou entouré de bandages, une écume rouge aux lèvres. La capote déchirée, boueuse, pend en lambeaux hors du brancard. Un autre blessé sort de la voiture, s'avance à cloche-pied, la jambe droite nue; on a coupé le pantalon pour faire le pansement. Sous le hangar de la cour, des blessés sont alignés, assis sur les bancs de l'école; l'un d'eux, de sa main entourée de ouate, écrit au crayon une carte.

Un cri : « Un Prussien ! un Prussien ! » On entoure un grand gaillard, maigre, sec, la figure terreuse. Il a perdu son képi, ses bottes de cavalier sont pleines de boue; à côté de lui un soldat porte une cuirasse, un sabre, une carabine. « Sale Prussien !

sale Prussien! A l'eau le Prussien. » Le prétendu Prussien s'est redressé; très pâle, il essaie de se faire entendre; sa voix est trop faible. Heureusement le soldat qui l'accompagne arrive à se faire entendre : « Tas d'imbéciles! vous ne voyez pas que c'est un cuirassier français! » La foule se tait. Le blessé gagne l'hôpital avec un sourire triste.

Pauvre foule! que d'erreurs semblables et plus graves tu commets depuis quinze ans! Et je songe aux chemins de l'exil... La foule veut réparer son erreur; elle a accroché un drapeau, des bouquets aux grilles de l'hôpital, puis elle entonne le *Chant du Départ* :

> Mourir pour la Patrie,
> C'est le sort le plus beau,
> Le plus digne d'envie!

Lundi 17 *août*. — Voici du nouveau : on va travailler. Le « jus » avalé, par quatre on part pour la gare. Il s'agit d'aménager notre train sanitaire. Quarante-quatre wagons de bestiaux nous attendent. On balaye le crottin de cheval, on désinfecte au grésyl, on cloue les montants des porte-brancards, on visse les traverses. Une équipe plie les couvertures, une autre étend les draps, garnit les paillasses qui ne serviront jamais; une autre cloue, aux lucarnes, des tamis de gaze qui seront emportés au vent après une heure de marche. Personne ne sait rien, on improvise, on improvise. La nuit venue, les quarante-quatre fourgons sont là, silencieux, marqués d'une grande croix rouge sur fond blanc. On a expulsé la croix de partout, des écoles, des hôpitaux, des tribunaux, et la voici qui reparaît partout : sur nos brassards, sur les plaques de métal de nos wagons, sur les fanions qui flottent, sur nos hôpitaux de campagne, sur les voitures sanitaires, sur les ambulances. De la mer du Nord à la Méditerranée, du détroit de Behring à l'Atlantique et au Pacifique, la croix va être, au milieu des horribles mêlées où se heurtent des millions d'hommes, le seul signe de paix, l'asile de la souffrance. Une croix rouge, hélas ! *O crux, ave !*

Les douze couchettes de chaque fourgon attendent, blanches. Dans trois mois elles seront rouges... les lavages au grésyl ne pourront effacer tout le sang qui les aura imbibées.

III

Premier contact

Du 17 au 20 août, inaction. Le 20, grande nouvelle : on va travailler. Notre train sanitaire reste en gare inutilisé, tandis que chaque jour arrivent du côté de Verdun des convois de blessés conduits par des trains de ravitaillement.

Pourquoi, pourquoi donc ne pas utiliser notre train sanitaire et les sept ou huit autres sanitaires garés ici? Mais à quoi bon chercher à comprendre? Donc, le 20, les infirmiers improvisés deviennent ravitailleurs improvisés. Nous partons dans un train de ravitaillement. A *Consenvoye*, il pleut, le canon tonne à quelques centaines de mètres, la nuit tombe, pas une étoile, mais partout, sur les sommets du côté de Damvillers, Spincourt, Briey, la brusque lueur des obus qui partent, puis l'éclair allongé des obus qui éclatent. Parfois, à l'horizon, une lueur continue, parmi des fumées; c'est un champ de blé qui brûle ou un village.

Nous avons débarqué notre chargement de pain et d'avoine. Nous regardons le lugubre tableau. Des bois, dont les lisières vertes montent vers les Hauts-de-Meuse, des charrettes sortent, s'avancent, enfonçant dans les ornières, secouées par les cahots des chemins. Des chariots de douleur montent des gémissements. Les blessés sont là, sous la pluie, étendus sur quelques poignées de paille sanglante, la tête en arrière, les yeux grands ouverts, les mains crispées. Les pansements improvisés ne peuvent immobiliser les membres brisés qui se mêlent, se heurtent dans l'entassement des voitures. Un blessé, les mâchoires brisées, a perdu son pansement, crache du sang, parmi des débris d'os brisé. Il s'essuie avec sa capote. Pas un infirmier, pas un médecin. Nous sommes là quarante-quatre infirmiers, deux médecins, mais pas d'ordres. D'ailleurs notre matériel sanitaire est à Troyes.

Les chariots arrivent, comme ils peuvent, jusqu'au quai. Les paysans, aidés des employés de la gare, saisissent les blessés, les alignent dans les wagons à bestiaux d'un train de ravitaillement. Pas de brancards, naturellement, pas de paille non plus.

La fusillade se rapproche, la fournaise nous étreint; les wagons, à chaque décharge de l'artillerie, tressautent. « Partez, partez », crie le chef de gare. Et on part.

Dugny.

Mardi 24 août. — Encore un convoi de ravitaillement. Nous attendons cinq ou six heures, en gare de Troyes, que la voie soit libre. Les quais sont encombrés de blessés, de réfugiés. Un jeune soldat, le nez emporté, le maxillaire supérieur fracassé, se promène le visage entouré de bandes, les mains dans ses poches. Il réclame une cigarette, je la lui donne; il l'allume.

« Vous ne pourriez pas en donner une à mes deux copains? — Volontiers... » Les deux copains imberbes, les traits tirés, se promènent. « Moi j'ai une balle qui se balade dans le côté gauche. — La mienne s'est embusquée dans le côté droit. Tenez, la voilà, entre les deux côtes. Ah! je l'ai risquée belle. Voilà deux balles qui sont allées se loger dans la gamelle. Une autre dans ma poche. Mais dites, vous n'auriez pas un morceau de pain, par hasard, nous avons passé trois jours et trois nuits à tirer dans les bois d'Étain. On a oublié de manger. — Pardon, Monsieur. » Celui-ci, c'est un sergent fourrier réserviste, la bouche traversée par une balle, les dents brisées, la langue entamée. « Vous n'auriez pas un mouchoir pour m'essuyer la bouche! » De petits filets de sang coulent des bandages. Je vais prendre un mouchoir dans mon sac, je le lui donne.

Un coup de feu dans le local de la Croix-Rouge... La foule s'amasse. Je m'approche. C'est un officier, un médecin qui vient de se tirer une balle dans la tête. « Était-ce un blessé? — Non, il partait pour le front... » J'essaye de me frayer un passage pour donner une dernière absolution à ce malheureux. On l'a déjà emporté agonisant. La foule a pris une autre direction, on crie : « Un Boche, un Boche! » Il est là, dans la salle d'attente de 1re classe, en costume kaki, nu-tête, assis sur la paille, très blond, un enfant. La tête et les yeux baissés, il mange sa portion de rata dans une gamelle posée sur ses genoux. Deux soldats, baïonnette au canon, gardent la porte. Le prisonnier a fini de manger. La tête reste baissée, on devine deux larmes. Je me sens tout ému. « Pauvre diable! » Un employé de la voie m'a entendu. Il s'approche de moi menaçant. « Cette brute?... J'arrive d'Étain. Ils ont tout brûlé, ma maison est en cendres. Ils ont tué les enfants, massacré nos blessés, arraché les seins aux femmes... Ah! les brutes, les brutes! Tenez, voyez donc ce qu'ils ont fait... » Il me montre un train qui vient d'arriver plein de fuyards. Les wagons de bestiaux ont été réservés aux enfants, aux malades; les autres, les hommes, les femmes s'entassent sur des plates-formes, en plein air. Sur quelques-unes on a improvisé des abris de branchages. Un vieux, assis sur un paquet de linge, nu-tête, serre dans ses bras deux bébés qui appellent : « Maman ». Un sifflement... Une machine s'engouffre dans le hall. C'est un régiment de chasseurs à cheval qui arrive d'Auch. Les réfugiés oublient leur détresse pour saluer ces braves gens qui vont reconquérir leurs villages en ruines. Les petits chasseurs regardent le convoi en silence. C'est pour eux la première vision de la guerre. Notre train les suit jusqu'aux portes de Verdun. Le chargement de pain, de viandes de conserve, est débarqué sur les quais de Dugny et nous gravissons la colline jusqu'au fort. Les tourelles de cuivre et d'acier sont là, à moitié enfoncées dans le sol, sur leurs assises de béton, la gueule des canons de siège tournée vers la vallée de la Meuse. Un maréchal des logis fait faire sous nos yeux la manœuvre des tourelles. L'énorme chapeau métallique se soulève, les canons prennent la hausse. Tout autour, sur les murs de ciment, le paysage environnant est dessiné. Chaque point du graphique porte la distance kilométrique. Nous sortons du fort. Les mitrailleuses, les canons de 75 coquets dans leur robe bleue s'alignent dans les tranchées, à côté des lourds obusiers dressés derrière l'enceinte de fils de fer barbelés. Sur la porte du fort une inscription en lettres noires :

> S'ensevelir sous les ruines du fort
> Plutôt que de se rendre.

La nuit tombe, le canon tonne vers le fort de Troyon. Dans l'immense plaine où des vapeurs blanches montent, flottent, des milliers de bœufs et de vaches piétinent, mugissent dans l'eau et la boue. Autour du fort, la garnison continue dans la nuit à creuser des tranchées.

Verdun.

25 août 1914. — Sac au dos ! Une boule de pain, deux boîtes de singe dans la musette. En route pour Verdun dans mon wagon à bestiaux.

Trains de blessés, trains de fuyards, trains de soldats.

Morne silence.

Par la digue belge crevée le flot a passé.

Pluie froide. Les blés coupés pourrissent dans les champs.

Verdun. La gare est encore dans l'obscurité.

Par le chemin qui monte sur notre droite, les régiments défilent au pas cadencé, invisibles.

Tumulte sur le quai. Des soldats, des artilleurs blessés que des femmes insultent avec des cris : « Lâches ! lâches ! ».

Les soldats se défendent :

« Et vous ! Le maire de E. communiquait par téléphone avec les Boches. On lui a mis douze balles dans la peau.

— Moi, crie un autre, j'ai payé cent sous une bouteille de vin qui en valait quatre. Quand on demandait du pain, on répondait : « Nous n'en ven-
« dons pas, nous aimons mieux les Boches ; que
« venez-vous faire ? »

Un artilleur colosse, le bras gauche brisé et à qui par surprise on a arraché ses écussons, se redresse blême sous l'insulte :

« Tonnerre... on est resté six heures sous la mitraille sans rien, sans un obus à leur envoyer, immobiles comme des poteaux de cible. Alors, quand on a vu que rien ne venait... on a f... le camp. Oui. Qu'est-ce qu'il fallait faire ? »

Sur la route le défilé des soldats est terminé.

Un autre défilé maintenant : celui des fuyards.

Charrettes, carrioles, voitures, brouettes, où l'on a étendu, sur un peu de paille, malades, vieillards, enfants parmi des paquets de hardes.

Sous les arbres de la gare, tout un campement de réfugiés.

Cris d'enfants, appels de mères, et là-haut, la voix du canon.

La nuit vient. On charge.

Notre train emporte 450 blessés. J'en ai 13 pour moi.

N° 1. — Un adjudant de la coloniale, épaule fracturée. Je l'ai calé de mon mieux sur sa couchette : « Merci, Monsieur l'abbé. » Il a sorti sa médaille, fait un signe de croix de sa main valide et récité sa petite prière du soir. Le voilà tranquille.

N° 2. — Un petit conscrit du Midi, la cuisse horriblement labourée par deux éclats d'obus. « Pourriez-vous me tourner sur le côté gauche ? Oh ! Oh ! Non, sur le côté droit. » Pauvre ami, cela ne va guère mieux sur le côté droit que sur le côté gauche. Il se raidit, se couvre la tête de sa couverture. « Oh ! je souffre. Je brûle. »

J'examine le pansement hâtif fait par le blessé sur le champ de bataille. Par les deux trous énormes, les tendons coupés sortent. J'appelle un des deux médecins. On arrose la plaie vive de teinture d'iode. Autant y mettre le feu.

N° 3. — Un enfant. Une balle a traversé le bas-ventre pour sortir par le côté. Rien à faire. Je le laisserai demain à Dijon. La fièvre le dévore. Je l'entends murmurer : « Maman, maman. »

N° 4. — Un grand gaillard, aux cheveux roux, qui délire, pleure, crie, s'agite. Impossible de savoir où est sa blessure. Un camarade m'explique. Un obus est tombé à quelques pas derrière lui, le projetant en l'air. Il est tombé comme idiot.

Je l'examine. Pas de blessures, mais des contusions, des bleus par tout le corps. Je lui donne un peu de chocolat, je le caresse.

« Mais, tu n'as rien, mon vieux. Tu n'as rien. »

Il me regarde avec des yeux perdus.

« Je suis mort.

— Mais non, tu es vivant. Demain tu seras dans un bon lit, avec des oranges et des gâteaux. Tu reverras tes gosses. »

Il revient comme d'un rêve.

« Ah ! je croyais avoir la tête emportée.

— Non, tu vois qu'elle tient bien. »

Je lui tire doucement les oreilles. Il rit.

« Tu veux une cigarette ?

— Oui. »

N° 5. — Un marsouin qui me regarde philosophiquement, les bras repliés sous la tête.

« Et toi ? »

Il éclate de rire.

« Moi, un bobo. Une balle dans la cuisse. Pourriez pas me passer ma pipe ? Là, dans la musette, au fond. »

N° 6. — Un bras cassé.

« Ça va ?

— Oui. »

N° 7. — Le talon et le pied traversé par une balle.

« Pas trop amoché, vieux ? »

Il soulève son pied où les pansements font un bourrelet énorme.

« Voyez-moi ce pied d'éléphant. Difficile de danser avec ça. »

N° 8. — Une figure cadavérique. Les yeux vitreux. Ira-t-il jusqu'à demain matin ? Une balle entrée par le ventre est sortie par la colonne vertébrale.

« Désires-tu quelque chose ?

— Un verre d'eau.

— Et maintenant ?

— Un peu de pain. Je n'ai rien mangé depuis cinq jours. »

N° 9. — Une balle explosive dans la cuisse droite. Mauvaise affaire. Le médecin examine la plaie, d'un air soucieux. Des morceaux d'habits, des débris de terre ont souillé la plaie dont les lèvres ont une teinte grisâtre. Une forte odeur de chairs corrompues. J'interroge à voix basse le major :

« La gangrène ? »

Il secoue la tête et sort.

N°s 10, 11, 12, 13. — Balles dans les bras ou les jambes. Rien de grave.

En route pour Brive et Tulle.

Tulle.

28 août. — C'est jour de marché. Mon brassard de la Croix-Rouge détermine une poussée dans la foule. Des paysans m'entourent anxieux.

« D'où venez-vous ?

— Verdun.

— Ça marche ?

— Oui.

— Comment faire arriver les lettres à nos petits ? On n'a pas de nouvelles. Y a donc pas de poste là-haut ?

— Ça sera-t-il fini dans un mois ? »

Un marchand de cochons veut absolument me payer un verre de vin rouge.

« J'ai mon petiot à Verdun. Des fois, si vous le voyiez, faudrait lui dire qu'il se fasse pas de mauvais sang pour nous. Puis, peut-être, s'il est blessé, vous nous le conduirez. C'est-y que tous ces infirmiers les soignent bien ? Qu'est-ce que vous faisiez de votre métier ?

— Curé.

— Alors, tant mieux. Je voudrais bien que le petit soit soigné par un comme vous. Comprenez, des blessés c'est pas comme autre chose. Faut quasiment une vocation. »

La femme, une paysanne en coiffe blanche, s'est rapprochée essuyant ses yeux du coin de son tablier.

« Voilà un mois que ça dure. Ça va-t-il durer encore un mois ?

— Je le crains.

— Mais que faut-il faire pour que ça finisse vite ?

— D'abord, prier.

— Mais nous ne faisons que ça. C'est vrai qu'on le faisait pas beaucoup avant. Vous comprenez on n'a que celui-là. Si on le perdait, on n'aurait plus rien. Y en a donc bien nombreux de ces Allemands ?

— Oui. »

IV

La Débâcle

2-4 septembre. T. — L'étendue du désastre de Charleroi apparaît peu à peu. Les Prussiens approchent. Leurs avions tournent autour de T...

Une panique folle passe sur la ville : « Les voilà ! les voilà ! »

Des bruits circulent sortis on ne sait d'où : « On a vu des uhlans dans les faubourgs. »

La foule se rue vers la gare, prend d'assaut les derniers trains.

Un ordre de la place met le comble à l'affolement, l'ordre d'évacuer les hôpitaux.

Nous allons à la gare aider à l'évacuation.

Des centaines de blessés sont là, attendant qu'on leur trouve une place dans les trains.

Ils s'entassent sur les quais, sous le hall.

Un prêtre-soldat agonise sur un brancard. Je lui fais respirer de l'éther.

« Je ne puis aller plus loin, qu'on me garde ici. Voilà trois jours qu'on me tire d'hôpital en hôpital. »

J'aborde un médecin :

« Ce malade ne peut continuer. Le mettre dans le train c'est le condamner à mort.

— Je le vois bien, mais je n'y puis rien. Je n'ai pas de galons. Je suis interne. Demandez au patron... Je ne vous le conseille pas. Vous y risquez la prison, voilà tout. Il y en a des centaines comme celui-là qui ne peuvent pas voyager. Nous l'avons dit. Nous nous sommes fait engue..., menacer des arrêts, de la grosse... Cette salle est pleine de blessés qui viennent de se révolter : « Nous ne pouvons pas partir, nous aimons mieux mourir ici. » On a parlé de les coffrer. Si encore on savait où on va les conduire ! Mais il faudra partir au hasard, jusqu'à ce qu'on trouve. Je ne vois pas pourquoi on perd la tête ainsi. Les Allemands ne sont pas encore ici, et s'ils viennent, ils ne seront pas plus terribles pour ces agonisants que soixante heures de train. Enfin... je n'y puis rien. Ceux qui y pourraient quelque chose ne sont conduits que par la peur des responsabilités, ce qui leur en fait encourir d'autrement graves. Dix malades sont morts dans un train ce matin... Je n'y puis rien. »

Il s'éloigne avec un geste découragé.

Un train de blessés arrive de Longuyon.

J'interroge un jeune officier que j'ai porté jusqu'au lavabo.

« Votre impression ?

— Nous apprenons, peu à peu, à faire la guerre.

Nous saurons bientôt creuser des tranchées et nous en servir. Ce qui manque, c'est l'artillerie lourde et puis les mitrailleuses. On supplée par des charges à la baïonnette qui nous déciment. Nos bataillons sont devenus des compagnies; on n'improvise pas la guerre. »

Vers N...

4-8 *septembre*. — La débâcle continue.

On a évacué tous les hôpitaux.

Le gouvernement quitte Paris pour Bordeaux.

Encore une proclamation : « Comptons sur nous, sur nous seuls ! »

Heureusement que la France, nos soldats, nos généraux, comptent aussi sur autre chose.

A la gare, nous croisons les derniers convois de blessés, évacuant les hôpitaux de T...

Avant de partir, ils ont voulu dire un naïf merci aux dames de la Croix-Rouge. Sur les murs, les escaliers, ils ont écrit en lettres tricolores : *Merci*.

Nous voilà roulant pendant deux jours et deux nuits vers notre nouveau centre : N...

Les Allemands arrivent à Chantilly, ils vont tenir Paris sous leur canon. Mais la France prie à Montmartre, à Notre-Dame-des-Victoires. Elle prie devant la châsse de sainte Geneviève et la statue de Jeanne-d'Arc.

N...

La gare retentit d'appels, de cris désolés. Plusieurs trains d'émigrants sont là. Défense absolue de descendre. La ville ne peut plus rien recevoir. Un homme, debout sur une plate-forme, proteste, pleure, s'indigne : « Ma femme est enceinte, elle ne peut pas continuer. Vous êtes des barbares ! »

Une femme se lamente : « Mon bébé est malade. Laissez-moi descendre.

— Impossible. Nous avons des ordres. »

Les mêmes ordres nous ferment la ville.

Nous avons mis deux heures à débarquer notre matériel, ou nous trouver un abri... Il faut rembarquer, repartir pour T... ou ailleurs, on ne sait pas.

Juste le temps d'acheter du pain, quelques boites de sardines. En route.

V

Les dernières angoisses

8 septembre. Nativité de la Sainte Vierge. S. F. Yonne. — Pas de messe, pas de communion, mais un réconfort imprévu. Nous arrivons en gare en même temps qu'un train de conscrits. Tous ont piqué, à leur képi, un scapulaire du Sacré-Cœur. « Bonjour mon Père, m'envoie un soldat. — Bonjour, mon fils. »

Nous courons aux dépêches.

Enfin !

Le généralissime a prononcé les paroles attendues :

« Au moment où s'engage une bataille dont dépend le sort du pays, il importe de rappeler à tous que le moment n'est plus de regarder en arrière... »

Et c'est le nom de la libératrice : *Jeanne d'Arc*, qui a été donné comme mot d'ordre.

Je sais par des témoignages personnels que plusieurs des grands chefs, de qui va dépendre le sort de la bataille engagée sur la Marne, ont instamment sollicité des prières.

9 septembre. — Des émigrants nous jettent des journaux par les portières.

Le 7 septembre, 485ᵉ anniversaire du jour où Jeanne d'Arc vint se prosterner aux portes de Paris dans la petite église de Saint-Denis-la-Chapelle, la foule des pèlerins a fait le vœu de bâtir là une basilique en l'honneur de Jeanne, si Paris n'est pas touché par les armées allemandes.

Que va faire la sainte ?

10-11 septembre. — Le matériel du train sanitaire est perdu.

Soubise ne perdit son armée qu'une fois, c'est la seconde fois que nous perdons notre train. Brancards, provisions pharmaceutiques vont à l'aventure. Nous voilà les mains vides, parqués pour une dizaine de jours, dans des wagons de marchandises.

Plusieurs équipes sanitaires, infirmiers, médecins, pharmaciens, sont là dans l'inaction.

Les gares voisines regorgent également d'un personnel sanitaire inoccupé ne demandant qu'à travailler.

Pendant ce temps, les trains de blessés passent sans interruption.

Pas de brancards, pas d'infirmiers, pas de médecins, pas de paille et pas de pain.

Les blessés sont couchés sur le bois, dans des fourgons à bestiaux.

La nuit est venue. Je traverse le quai.

Un train s'arrête. Quatre cents blessés sont là,

appelant au secours. Un infirmier! « Un médecin ! Un peu de paille ! »

Des colis traînent sur le quai. Une caisse pleine de paille et des sac vides. J'arrache la paille pour en jeter quelques poignées dans les plus proches wagons. Puis on passe les sacs, on les étend sur le plancher. J'aide les plus malades à s'installer.

Mais ces menus services ne font qu'amplifier la clameur.

Maintenant c'est de l'eau, du pain, des paquets de pansement qu'il faudrait. Des centaines de bras se tendent, des centaines de voix crient : « Par ici ! par ici ! Descendez-moi. »

Plusieurs blessés ont la dysenterie et souillent les wagons, j'en prends quelques-uns sur les épaules, je les installe au bord du train.

D'autres continuent à appeler. Le train siffle, part.

Un autre train.

Nous sommes là trois prêtres-infirmiers.

Nous nous consultons : mieux vaut fuir, regagner notre fourgon, tâcher de dormir, fermer nos oreilles à ces lamentations, puisque tout nous manque.

Notre présence ne peut qu'exaspérer leurs souffrances...

Nous restons.

Des cris, des coups de poing contre les planches des fourgons, des appels :

« Descendez-moi ou je me tue. Descendez-moi. »
C'est un diable bleu..., un petit chasseur.

« Voilà deux jours que j'appelle. Personne, pas un infirmier. Nous sommes restés dix heures bloqués en amont de S. F... Je brûle, je n'en peux plus, descendez-moi.

— Pour vous mettre où, pauvre ami ?

— Où vous voudrez. Jetez-moi sur la voie, j'aime mieux ça. »

J'examine la plaie, putréfaction et odeur horrible.

« Descendons-le, suggère un prêtre... Nous y risquons la boîte. Tant pis ! »

Nous descendons l'enfant, l'installons sur les coussins d'un wagon de première.

Je coupe les bandages. La cuisse est à moitié emportée par un éclat d'obus. Il faut ouvrir les portières pour supporter l'infection des plaies. Le gouffre sanglant est à nu. Mon dernier paquet de pansement est parti. Nous lavons, versons quelques gouttes d'iode. Je mets sur la plaie un peu de charpie.

On tâchera de mieux faire demain et on rembarquera le blessé dans le premier train.

Le brave enfant pleure. « Merci ! Oh ! merci. Je suis mieux. Je vais dormir. »

Nous fermons les portières, tirons les rideaux.

Un employé arrive une lanterne à la main.

« Il y a un blessé qui meurt. Va-t-on le laisser comme ça ? Où sont les officiers ?

— Je n'en sais rien.
— Les majors ?
— Je n'en sais rien.
— Les infirmiers alors ?
— Ici.
— Venez donc.
— Pourquoi faire ?
— Le soigner, tiens !
— Avec quoi ?
— Ah ! nom de D... C'est ça qu'on appelle la charité chrétienne !

— Mon pauvre vieux, si on n'avait fait appel qu'à des chrétiens pour préparer la guerre, ça marcherait peut-être autrement.

— Alors, c'est bon, je vais lui dire qu'il n'a qu'à crever ! » Il s'éloigne, nous le suivons et nous violons encore une fois la consigne.

Le blessé est descendu. Une balle dans la jambe, et, en plus, semble-t-il, une congestion pulmonaire. La fièvre et une toux déchirante.

« J'ai soif, j'ai soif ! Le médecin !
— Il n'y en a pas. »

Nous l'étendons dans le wagon de première à côté du petit chasseur. Je lui donne un morceau de sucre avec quelques gouttes d'alcool de menthe.

« Merci, merci. »

On l'enveloppe d'une couverture.

Sur le quai, des hommes d'équipe transportent

un cadavre trouvé dans un fourgon, parmi les blessés.

Onze heures de la nuit.

Encore un train.

Les blessés se passent une boîte de « singe » vide... comme urinal.

Un lieutenant blessé appelle : « De grâce, descendez-moi, je n'en peux plus. Je suis là depuis trois jours. »

Nous essayons de le raisonner.

« Il faudrait quand même repartir demain. Patientez jusqu'à la prochaine ville et faites-vous évacuer. »

Nous lui donnons un peu d'eau, une bonne poignée de main. Il se résigne.

Le train s'ébranle, part dans le sillage rouge des lanternes. C'est comme une traînée de sang qui s'élargit, fuit dans la nuit, parmi des appels de naufragés.

Nous sommes là plus de quatre-vingts infirmiers qui allons attendre jusqu'au 21 septembre qu'on se souvienne de nous.

En attendant, les blessés continuent à être évacués par des moyens de fortune, par les trains de munitions, de ravitaillement, qui reviennent vides du front.

Est-ce la faute des hommes ou simplement des événements ?

Les voies sont encombrées par les convois qui, sans cesse, doivent jeter sur les bords de la Marne, de la Meuse, troupes et munitions.

L'essentiel pour l'heure, c'est la victoire à poursuivre. Nos blessés seront un peu sacrifiés jusqu'à l'heure où l'offensive étant reprise sur tout le front, la vague ennemie refoulée, il sera possible d'organiser les services d'arrière.

Et puis, et puis, quelle confirmation lumineuse des paroles prononcées en 1914 par le *généralissime* :

« Pour être prêt aujourd'hui... il faut avoir *tout organisé*, *tout prévu*. Une fois les hostilités commencées, aucune *improvisation* ne sera valable. *Ce qui manquera alors manquera définitivement.* »

Et quelle lugubre confirmation aussi des leçons du général Foch à ses élèves de l'École de guerre :

« Être discipliné... *ce n'est pas pratiquer l'art d'éviter les responsabilités.* »

Et *le miracle* c'est que, malgré ces déficits évidents — autour desquels la presse et la tribune vont instituer de bruyantes enquêtes, parfois inspirées par d'autres passions que celle de la vérité, par d'autres désirs que celui de l'amélioration des services — malgré des fautes, contre lesquelles seront prises bientôt de sévères sanctions, la France va se ressaisir.

« Aucune improvisation ne sera valable », disait le généralissime.

La Providence a fait mentir la prophétie :

« Nos improvisations ont été valables ; ce qui a manqué... n'a pas manqué définitivement. »

Au prix de dures souffrances et de lourds sacrifices, avant qu'il soit trois mois, notre organisation sanitaire aura été transformée et, si elle n'arrive pas à une perfection, qui n'appartient pas aux choses de ce monde,... elle égalera, dépassera l'organisation de nos ennemis.

Pourquoi faut-il qu'à la guerre toute expérience se solde en vies humaines, toute faute, toute improvisation, en deuils et en larmes ?

11 septembre. — Enfin un ordre ! Nous devons organiser dans le hangar aux marchandises un hôpital de secours.

Tout nous manque, mais les dames de la Croix-Rouge nous procurent les premiers éléments d'une installation : quelques paquets de pansements, un peu de charpie, un arrosoir.

Les blessés arrivent. Voici un pioupiou, une balle dans la tête. On l'a étendu sur une paillasse. Dans un coin, sur des bottes de foin une équipe d'infirmiers dort en attendant son heure de garde. Une lampe éclaire la table faite de deux couvercles de caisses.

Par les larges ventaux ouverts, on voit les étoiles scintiller. Travail silencieux.

J'enlève aussi doucement que possible les bandes collées aux plaies. On nous a d'abord invités à employer l'eau tiède, puis l'eau froide, puis... rien du tout.

Il faut enlever le pansement *à sec*.

Les chairs se déchirent. Le blessé gémit. On se passe de main en main l'unique paire de ciseaux. On coupe les habits pour dégager les plaies. On enlève les charpies. Et je songe à des mains qui seraient plus douces, plus habiles que les nôtres, aux religieuses exilées.

Pourquoi ne pas leur rouvrir nos portes, pourquoi ne pas les appeler auprès de nos enfants?

Vers 10 heures, une accalmie. Tous les blessés amenés sont pansés. Je m'approche du petit pioupiou qui agonise sur sa paillasse dans un coin. Je me penche.

« Mon ami, je suis prêtre. Tu es bien malade. Veux-tu que je te donne l'absolution, pour que le bon Dieu te pardonne, te bénisse ? »

Je perçois un « oui », indistinct comme un souffle.

Je donne l'absolution, tire de ma poche la petite ampoule aux saintes huiles et fais une petite onction sur le front.

« Ta maman serait heureuse, n'est-ce pas, de savoir que tu as eu un prêtre à côté de toi, que le bon Dieu t'a pardonné ? »

Au mot *maman*, ses yeux se sont ouverts. Une arme tremble au bord de ses cils. Puis les yeux se referment.

12 septembre. — Notre hôpital a duré deux jours. Ordre est donné de le désaffecter. Pourquoi? Le matériel est empaqueté, enlevé. Les blessés continuent à affluer, les trains se succèdent. « Descendez-moi... Mon pansement est tombé... Nous n'avons pas d'infirmier. »

Six heures du soir. — Le caporal d'ordinaire a résolu de nous régaler d'une salade; l'huile manque, pas d'épicerie dans le voisinage. Saint-Florentinville est à trois kilomètres. « Venez avec moi, dit le caporal, vous trouverez bien moyen de me procurer un peu d'huile. — Volontiers... » Je frappe à une maison de modeste apparence. Une brave ménagère nous ouvre. « Vous ne pourriez pas nous céder un peu d'huile pour faire la salade? » Ce disant, je sors mon porte-monnaie. « Un peu d'huile? tenez, voilà ce qui me reste, un verre environ, au fond de la bouteille. Prenez tout, mais rentrez-moi votre porte-monnaie. Il ne manquerait plus que ça, que je vous fasse payer. — Mais, je ne veux pas tout prendre, nous allons partager. — Prenez tout. — Et vous? — Oh! nous, on se passera de salade. Si nous pouvions faire davantage pour les soldats, nous le ferions. Il reste deux salades dans le jardin, prenez-les. — Ah! pour ça, non. — Non? Eh bien! je vais les arracher moi-même. »

Dimanche 13 septembre. — Nous organisons pour les deux trains sanitaires une messe militaire dans la petite église de *Vergigny*. Pauvre église. La terre est riche, les champs d'asperges s'étendent à perte de vue dans la plaine. La vie est bonne. Dieu n'est plus utile.

Le curé, un R. P. Dominicain, a déjà enterré plusieurs blessés morts à la gare. La population a été remuée. Elle a porté des fleurs et des couronnes sur les tombes. Une messe militaire! Un sermon par un prêtre-soldat, peut-être arrivera-t-on à mobiliser quelques hommes? M. le curé a annoncé les splendeurs de la cérémonie qui se prépare. Peine perdue. Dans l'église froide, aux murailles verdies par la pluie et la mousse, deux ou trois hommes, une vingtaine de femmes et d'enfants.

Les officiers prennent place au premier rang; fantassins et marsouins remplissent les bancs vides, les prêtres-soldats se rangent autour de l'harmonium tenu par l'un d'entre eux; un infirmier de la coloniale chante la messe.

Je monte en chaire. En face de moi, deux pasteurs protestants qui font partie de notre train écoutent, attentifs.

« Mes chers amis, l'heure n'est pas de faire

des efforts d'éloquence, je voudrais simplement exprimer ici ce que vous sentez tous, me faire le fidèle écho de vos pensées.

« A qui songez-vous maintenant ? A ceux que vous avez laissés là-bas dans la petite patrie, à ceux qui comptent les heures de votre absence, aux têtes blondes des tout petits qui, tous les soirs, font pour vous leurs prières, aux têtes déjà blanchies de vos pères et de vos mères, et qui, ce soir, vont s'incliner pour relire la dernière lettre, retrouver vos traits sur la photographie, chercher sur la carte le point où le devoir vous a conduits ; vous songez à vos femmes qui à l'heure du repas et de la prière regardent en silence la place vide.

« Vous songez aux soldats, nos frères d'armes, qui, froment vivant, fécondent les sillons de nos tranchées, préparent par leur mort les moissons de demain, celles de nos victoires.

« Vous songez à nos blessés, à ceux que nous avons accueillis hier, ou que nous accueillerons demain. Ils ont le droit d'attendre de nous quelque chose de l'amour, de la douceur du foyer absent ; quelque chose des sollicitudes de l'épouse, du père, de la mère que nous remplaçons.

« Vous songez à la France, à sa victoire que vous savez certaine, mais que vous voudriez prompte, éclatante. Pour tout cela, nous allons prier, réciter ensemble, d'un même cœur, la prière que le Christ apprit à tous ses enfants, à tous ceux qui croiraient en lui et en son Évangile : le *Pater*.

« Et maintenant élevons nos pensées plus haut, jusqu'à Dieu qui voit, qui permet la dure épreuve. Tâchons d'entrer dans ses pensées. Que veut-il de nous maintenant et au lendemain de la victoire ?

« Il veut ce que nous avons vu partiellement réalisé, une France redevenue chrétienne, une France rendue à l'unité, oubliant ses dissensions. Il y a quelques jours, après la prise d'Altkirch, le poteau frontière ayant été enlevé par nos soldats, nos frères de là-bas se jetaient dans les bras de leurs libérateurs. Hier, de par la volonté du vainqueur, il y avait deux peuples ; maintenant, la barrière tombant, ce n'était plus qu'un peuple, une famille. Sur toute notre terre de France aussi, il semblait jusqu'ici qu'il y eût deux peuples séparés par des barricades que la guerre a renversées. Ce fut la première victoire. Ne redressons pas, à la paix, les poteaux abattus. Que la France ne formant plus désormais qu'un cœur et qu'une âme, selon le cœur du Christ, redevienne la France de sa vocation première : le bon Sergent de l'Église, celle qui fait de par le monde les gestes de Dieu. »

Les soldats entonnent : « Je suis chrétien », « Nous voulons Dieu. »

16 septembre. — Les trains de blessés continuent à affluer, lamentables. Enfin ! enfin ! voici des ordres. Départ immédiat pour Joinville, où nous allons monter un hôpital.

Joinville (Haute-Marne).

Jeudi 17 septembre 1914. — La statue du bon sire de Joinville, dressée sur la place de la Gare, nous regarde défiler au pas. Une dérivation de la Marne traverse la ville coquette, blottie au bord des eaux, sous les hautes collines. Lavoirs aux pierres polies, kiosques ajourés, balcons de bois penchés sur les eaux bleues à l'ombre des tilleuls et des lilas... C'est Bruges-la-Morte, se réveillant en un rayon de clair soleil.

Une vigne s'accroche aux flancs du coteau que dominait le château du sire de Joinville. Les racines tenaces ont peu à peu désagrégé les vieilles murailles; le vin est pétillant, doux et ardent comme une page du vieux chroniqueur. Lui s'incline, là-bas, sur son piédestal de pierre, le rouleau d'un manuscrit à la main, drapé dans l'hermine canoniale et l'ample cotte de mailles.

Du château, il reste quelques pans de murs, des débris de tours décapitées sur lesquels ont poussé des chênes et des églantiers. A travers les hautes futaies le bruit du canon de Verdun passe comme un lourd bruissement d'ailes.

17-20 septembre. — Nous montons notre hôpital. Le dernier coup de brosse donné, le dernier lit installé, la dernière couverture placée, un petit télégramme arrive : « Inutile, fermez l'hôpital. » Nous réintégrons notre train sanitaire.

Le bon sire de Joinville nous regarde passer, avec un fin sourire.

VI

L'Etau

Verdun.

21 *septembre*. — Le train est garé au pied des Hauts-de-Meuse, à Saint-Michel, face au parc d'aviation.

La nuit, la roulotte tremble. Bruit de ferrailles qui s'entrechoquent, de freins qui grincent.

Le long des crêtes, les éclairs rouges se croisent, puis le tonnerre des 75, des 90, des 105, des 155, échelonnés sur les pentes jusqu'aux forts.

A l'est, vers Eix, Étain; au sud, vers Fresne; au nord et à l'ouest, vers Charny, Montfaucon, l'ennemi resserre l'étau. La lumière des projecteurs promène son pinceau sur les sommets, fouillant les bois.

22 *septembre*. — Un bruissement, comme d'un immense essaim qui prendrait son vol, une escadrille d'avions gagne la ligne de feu. Les cuivres brillent, les grands cercles tricolores des ailes font songer à d'immenses papillons volant autour des ballons captifs. Un avion s'est élevé très haut, poursuivi par des petits nuages blancs.

Le long de la voie, dans le gazon, des fleurs

s'ouvrent, des pinsons pillent les restes de notre repas.

Je descends vers la ville, par le chemin défoncé, où les camions de ravitaillement cheminent dans un fleuve de boue.

Le long des haies, des chevaux blessés broutent quelques restes de trèfle. D'autres agonisent, le poitrail ouvert, les jambes raides, le cou tendu.

Derrière le mur du cimetière, des artilleurs creusent une longue fosse, et avec des cordes y traînent les cadavres. Je m'arrête pour suivre l'agonie d'un magnifique percheron. Un tringlot est là, sur une borne, la tête dans ses mains. Je montre le cheval : « Blessé ? » L'homme a un rire triste : « Blessé, comme moi. Rien à bouffer. Tu n'aurais pas un bout de pain ? »

Je continue. Des centaines de chevaux attachés à des cordes tendues arrachent, dans la boue, quelques touffes d'herbe, piétinent une ration d'avoine versée à même la terre.

23 septembre. — Nous chargeons. Le chef de gare nous prévient : « On va essayer de vous faire passer par Saint-Mihiel. Vous serez les derniers. »

On entasse cinq cents blessés sur les brancards, les paillasses, on part. Je m'installe sur la planche du fourgon, entre deux sergents blessés. La nuit vient. Un encens bleu monte des plaines. J'égrène mon rosaire.

Les deux images du Sacré-Cœur clouées au fourgon, mon chapelet ont attiré l'attention des blessés. Le sergent de droite, un brave Lorrain à grande barbe, me touche le coude : « Monsieur l'abbé, j'ai le bras droit brisé. Vous ne pourriez pas me sortir mon chapelet ? Là, dans la poche de la capote. — Voilà. — Merci. »

Il le récite.

Minuit. — La fusillade se rapproche. Nous allons cheminer entre deux feux. Le train stoppe. Des employés courent le long de la voie : « Éteignez toutes les lumières. — Fermez les portes. » Nuit noire. Le train repart au pas. « Qu'y a-t-il ? demandent les blessés. — Rien. »

Une équipe du génie jette un pont sur un ruisseau. Le crépitement des mitrailleuses se rapproche. Un éclat d'obus déchire la toiture d'un fourgon. Derrière nous, une détonation sourde, des bruits de graviers projetés. La voie vient de sauter. On avance à tâtons.

Le sergent, qui a fini de réciter son chapelet, m'appelle une seconde fois : « Monsieur l'abbé, voudriez-vous me confesser ? — Volontiers. »

Je suis tout près de lui, sur le plancher. Je rapproche ma tête. Je l'absous ; il pleure.

Le sergent de gauche réclame un chapelet. Il ne me reste plus que le mien, je le lui prête.

Voici Saint-Mihiel, que cerne un double croissant

de feu, au milieu duquel il faut passer. Arrêt du train.

A la lisière des boqueteaux, le bruit clair d'une toile qu'on déchire : les feux de salve.

Une à une, les maisons de la ville s'éloignent.
Nous avons passé.

Dans la nuit du fourgon, les blessés semblent se réveiller. « Oh ! que je souffre. Ce n'est pas possible. — Vous ne pourriez pas enlever mes souliers ? — Un peu d'eau, je vous prie. « Puis la plainte commune : « Quelle heure est-il ? — Une heure. — Il ne fera donc jamais jour. »

Dix minutes se passent. « Quelle heure est-il ? — Fera-t-il bientôt jour ? »

C'est le mal de la nuit qui fait oublier tous les autres.

Dijon.

24 septembre. — Enfin ! enfin ! le soleil, la lumière.

Monseigneur vient voir nos blessés. « Bonjour, mes enfants. — Une médaille, Monseigneur ! »

On repart ravitaillé.

L'heure des confidences.

Un caporal de chasseurs alpins, le bras brisé, criblé d'une demi-douzaine de blessures, nous raconte ses aventures avec un effroyable accent provençal dont personne n'a envie de rire.

« C'était du côté d'Étain. Nous étions enragés de reculer toujours. Aussi, quand notre lieutenant, un curé de chez nous, se mit à nous crier : « En « avant ! pas de charge, baïonnette au canon ! » on l'aurait tous embrassé. Nous n'avions pas fait vingt pas, crac. Je n'ai plus de bras, une balle m'avait brisé l'os.

« On s'était arrêté pour un feu de salve. Le lieutenant m'aide à mettre mon pansement, m'embrasse sur les deux joues :

« Maintenant, mon vieux, file par là. Tâche de « rejoindre l'ambulance. Voilà cent sous pour ton « voyage. »

« Je ne voulais pas. Il s'est fâché : « Pas d'his-« toires, prends ça et file. Adieu. »

« J'ai mis une botte d'avoine sur ma tête. Les balles et les obus tombaient comme grêle. Des blessés partout. Nous étions une dizaine du peloton à chercher l'ambulance. J'ai cherché deux jours à travers bois. Quand je suis arrivé, j'étais seul. Ma femme m'avait cousu une médaille dans la flanelle. Ça m'avait bien fait rire.

« Puis, vous savez, j'ai fait un vœu. « Ah ! — Oui. Au moment où ça crachait de partout, j'ai dit au lieutenant : « Voici la friture. Si j'en réchappe, je « fais vœu d'aller à Lourdes chaque année. — Fais « pas ça, m'a-t-il répondu. On ne doit pas pro-« mettre ce qu'on ne tiendra pas. Promets d'aller à

« la messe tous les dimanches avec ton petit. » J'ai promis. » Il me montre une photo. « Voilà le petit avec les fillettes et la maman. Tenez, une lettre du petit. Il dit qu'il prie pour moi tous les soirs. Ce qu'il va être content ! Je lui rapporte une baïonnette de Prussien

— Monsieur l'abbé.

C'est un adjudant corse, le bras droit brisé.

« Qu'y a-t-il ? — Le signe de la croix avec la main gauche, ça compte ? — Bien sûr. »

Il se signe de la main gauche et fait sa prière du matin, puis me montre son amulette, une prière imprimée :

« Celui qui récitera cette prière tous les jours sera préservé de maladie et de malemort. »

Je reste sceptique, ce qui l'attriste.

25 *septembre*. — Nous roulons parmi les champs de mûriers. Les Alpilles, sous le soleil levant, prennent des teintes mauves ; le vent nous jette de sauvages arômes, le goût amer des troènes et des pins.

Montélimar.

Un régiment de tirailleurs sénégalais. Les chéchias rouges se penchent à nos portières ; les dents blanches luisent sur les faces noires. « Toi, pas mal ? Amis, camarades. — Guillaume, crac, couper tête. »

Plus loin, un régiment de garibaldiens. Plumes

de coq aux flottements héroïques sur les larges feutres fleuris de la grenade rouge.

Avignon.

Sur le pont d'Avignon...
Le Rhône se joue en ruisselets clairs autour des cailloux blancs.

Des mains se tendent pleines d'oranges, de pêches pourpres, de chasselas d'or. Sur l'horizon qui brûle, le château des Papes profile sa forêt blanche de créneaux et de tours.

Tarascon.

Sur les quais, un régiment de moutards à cheval sur des haies de laurier-rose, fusil de bois à la main, chéchia sur l'oreille, l'énorme gland battant les épaules. Nous avançons sous des haies de roseaux et de cyprès. A gauche, la muraille bleue des Alpes.

Miramas.

La Crau. Les chevaux de Camargue trottent dans les cailloux et l'herbe sèche, crinière au vent.

Sur le quai, un prêtre distribue des oranges, des cigarettes et des médailles. Dans un coin, un petit gavroche de Pavillons-sous-Bois, blond comme une fillette, enfile sa médaille après l'avoir dûment baisée.

« Bath. Elle est en argent. Ça me fait huit. Chic, cet aumônier. Il ressemble à celui de notre patro. »

Et le voilà parti sur le patro.

L'étang de Berre.

Les blessés se soulèvent sur leurs brancards, muets, apaisés.

L'immense nappe bleue s'endort dans la lumière pâle des oliviers, les flammes pourpres des bosquets de dahlias.

Cannes.

La séparation approche. Il faut laisser un souvenir à tous ces braves gens. Ma provision de chapelets est épuisée.

« Qui désire une médaille? — Moi, moi. »

Toutes les mains se tendent.

« Votre adresse, Monsieur l'abbé. On vous écrira. »

Ceux qui peuvent tenir un crayon écrivent pour les voisins.

On m'appelle pour les dernières confidences, à l'oreille.

« Vous prierez bien pour moi, pour les petits. Je serais si content si vous m'écriviez un mot. Vous savez, j'étais pas un clérical, moi. Est-ce qu'on aura des Sœurs à l'hôpital? Maintenant, on voudrait ne plus se séparer. »

Le petit gavroche de Pavillons me regarde muet, de ses grands yeux bleus, les genoux au menton.

Antibes.

Des feux de bois s'allument dans la nuit. Les brancardiers arrivent. « Au revoir, mes amis, restez bons chrétiens. » Je serre les mains. Un caporal réserviste, les deux épaules traversées par une balle, se penche, prend ma main, la baise deux fois. — « Au revoir, mes amis. »

Le petit gavroche est resté le dernier. Que veut-il ? M'embrasser.

« Allons, viens, mon petit, et sois bien sage. »

Marseille.

27 *septembre*. — Cours Belzunce, des régiments indiens défilent aux acclamations de la foule. Lanciers bruns au turban jaune, cipayes au sabre recourbé, vont au pas nerveux des petits chevaux du Levant.

Des attelages de mules grises emportent des montagnes de sacs. Des rajahs caracolent, ruisselants d'or, une badine de roseau à la main.

VII

Lérouville-sur-Meuse.

30 *septembre* 1914. — Éteignez les lampes. Aucune lumière ne doit être allumée dans la gare.

De longues stries de flammes déchirent la nuit au-dessus du Camp-des-Romains.

Il suffirait d'une distraction de l'ennemi pour que la gare, l'hôpital, le village soient inondés de mitraille. Cette distraction viendra. Pour le moment il paraît qu'ils tiennent à conserver la gare.

« Les mufles ! vite, une patrouille », crie un officier.

A cent mètres du bois qui domine la gare, des fusées montent dans le ciel noir, s'épanouissent en gerbes rousses, retombent en pluie d'étoiles.

On s'agite.

« Des boches ? Des espions ? Des artificiers français ? »

Finalement on va voir.

« Pssst ! — Qu'y a-t-il ? »

C'est mon voisin de roulotte, un pasteur protestant.

« Dans le hall, un blessé voudrait voir un prêtre.
— J'y vais. »

Les autos du Louvre, de la Samaritaine, de Pygmalion, mises au service de la Croix-Rouge, pataugent dans la boue, à la porte du hangar, couvertes d'un masque de branchages et d'herbes.

Une lampe de gare éclaire de feux rouges et verts la paille, la file des brancards. Je croise un blessé horriblement mutilé : l'œil droit arraché, l'œil gauche brûlé, le maxillaire inférieur fracassé, le nez arraché. Je l'aide à se trouver une place.

Le blessé qui me réclamait est étendu contre le mur, immobile, une couverture rejetée sur la tête.

« Mort, me dit un prêtre-infirmier, je lui ai donné l'absolution. »

Près du cadavre, un blessé allemand gémit, appelle, la cuisse ouverte. Je voudrais le soigner. Pas le droit. J'arrive à lui passer un morceau de pain qu'il refuse, un quart de café qu'il avale. Comme je me penche sur lui, une odeur de cadavre me prend à la gorge.

La blessure est en putréfaction. Enfin, un cheminot-infirmier s'approche, dégage la plaie, recule. La gangrène.

Par acquit de conscience, un arrosage de teinture d'iode et on recouvre.

Vingt blessés appellent. Le petit cheminot se multiplie, l'éternelle bouteille d'iode à la main.

Dijon.

Le hall de la gare reçoit les blessés qui ne peuvent aller plus loin.

Sur les files de brancards, les blessés attendent à moitié nus. Les couvertures sont rares. Nous ne pouvons céder les nôtres. Un prêtre de la ville se multiplie, promène sa grande barbe, son bon sourire de l'un à l'autre, défait les pansements, distribue du vin et des absolutions.

Un de mes blessés demande à descendre. « Tu souffres beaucoup ? — Non, maintenant je ne sens plus rien ; c'est comme mort, mais le médecin a dit qu'il fallait revoir le pansement ici. »

Je le transporte, défais le pansement. La cuisse est ouverte par une balle explosive. Une dernière bande collée aux chairs. Défense d'employer l'eau. Un coup sec. Pauvre ami ! Un trou noir, béant, d'où les tendons arrachés sortent en lanières. Le major se penche, hoche la tête. La gangrène.

Lentement, sur les chairs corrompues, il verse une solution corrosive. La chair fume comme un métal mordu par l'eau forte. Le patient se tait, les ongles enfoncés dans mes mains. « Emportez. Au suivant. »

Le train part, s'enfonce dans les vignobles de la Côte-d'Or.

Sous le soleil, dont les vagues de lumière se

meuvent au flanc des coteaux, les équipes de vendangeurs suivent les longues « virées ». De jeunes gars, en bras de chemise, égrappent la vendange sur les chariots, les poignets rouges du sang des raisins, auréolés d'un nuage d'abeilles et de frelons.

Des enfants chantent : « On les aura les boches, les boches », trottent, un panier de bois et une serpe à la main.

Soudain, tout ce monde s'est arrêté, redressé, pour saluer le train : les garçons, d'un vivat; les femmes, d'un geste muet de la main.

Lyon.

3 *octobre.* — Mes douze pensionnaires, presque tous des réservistes, sont peu loquaces, sauf un petit grenadier de l'active.

« Fourvière! Fourvière! »

C'est lui qui s'est levé sur son brancard, la main vers l'horizon.

« Tu connais Fourvière ?

— Parbleu ! M. l'abbé qui dirigeait le patronage nous y conduisait chaque année. On y était quelques jours avant la mobilisation. — C'était bien, votre patro ? — Je vous crois. Et vous savez. M. l'abbé jouait au foot-ball avec nous. Maintenant il est sur le front. »

Puis, à voix basse : « Dites,... n'auriez-vous pas

un chapelet, des fois. J'ai laissé le mien chez les boches. »

Je lui en donne un. Il le récite, étendu sur sa couchette de toile, les yeux vers Fourvière. Il s'interrompt. « Pardon, c'est-y pas demain qu'on célèbre la fête du Rosaire? — En effet. — Me semblait bien. Ce jour-là on avait la procession dans la cour du patro, avec la fanfare. »

Mes réservistes ont écouté le dialogue sans mot dire. Ils ne comprennent pas trop. C'est une autre génération, celle qui n'a pas connu le prêtre, ne l'ayant pas vu de près.

Quelques préjugés se sont atténués. Malgré tout, je reste, nous restons *le curé*, l'homme mystérieux dont on se défie un peu, dont la bienfaisance même demeure suspecte. Pour ceux-là il était devenu l'ami, le confident des pensées intimes, il reste pour ceux-ci l'homme d'un métier mal défini.

L'atmosphère de nos trains va se modifier.

Les jeunes soldats de l'active y seront désormais en minorité. Réservistes, territoriaux vont les remplacer, la France d'hier, celle qui s'en va ; et, au jour le jour, nous pourrons noter ce qui reste d'obscurités dans ces pauvres cerveaux.

Il ne suffit pas de quelques mois pour guérir une race, et cela nous dicte notre devoir de demain.

Montélimar.

Nous débarquons ; et, de nouveau en voiture, par

la vallée du Rhône où le mistral balaye les cailloux de la voie.

Valence.

Dimanche 4 octobre. — Arrêt pour la désinfection du matériel. Dans la vieille cathédrale romane, la procession du Saint-Rosaire se déploie au chant des *Ave*. Nos pioupious sont dans le cortège.

Sur les quais, un régiment d'artillerie lourde attend, depuis le commencement de la campagne, qu'on ait pu lui trouver des pièces de canon. « Nous espérons marcher sans trop tarder, me dit un maréchal des logis, le Creusot s'occupe de nous fondre des pièces. »

Gondrecourt (Meuse).

7 octobre. — L'ancien doyenné de Jeanne la Lorraine. Une vieille tour rongée de lierres, où une tradition affirme qu'elle fut, quelques jours, prisonnière.

La petite ville sommeille sous les tilleuls.

L'Ornain glisse, étoilé de fleurs blanches, sur un fond d'herbes vertes.

Dans l'eau transparente, des truites nagent, avec des reflets d'argent, entre les pierres et les racines des vieux arbres.

Bruit du canon vers Domremy. Cela n'a pas réveillé les âmes.

VIII

« Angelus » du soir

Lérouville-Sampigny.

9 *octobre*. — De nouveau en pleine fournaise.

Dès le matin, je gagne l'église parmi la cohue des cavaliers, des fantassins, des camions. Bourdonnement des avions, tonnerre des canons pendant que je célèbre la sainte Messe. Le Sacrifice, la commémoration du Sang... Comme tous ces mots prennent ici un sens réel, s'éclairent d'une lumière nouvelle. Un brancardier me sert la messe. Au retour, je m'aventure vers Sampigny, sur la route défoncée par les obus. Le long de la Meuse, des soldats se reposent des heures de tranchées, une ligne à la main.

Me voici à la hauteur des batteries. Les obus se croisent dans le ciel très bleu où fuient des nuages blancs.

Sous la parabole des projectiles, des femmes et des enfants arrachent des pommes de terre.

L'église de Sampigny. Un clocher bleu dans les peupliers, à côté du château du Président de la République, bombardé hier.

La nuit. Je monte à la tour de l'aiguilleur.

Les étoiles se sont levées. Leurs reflets de veilleuse, bercés par la Meuse, font courir des sillages d'argent parmi les larges feuilles des nénuphars.

Un cercle de feu enveloppe le Camp-des-Romains. L'ennemi paraît s'être enraciné à notre terre.

Sept heures. — La cloche sonne la prière du soir. Église comble. Soldats, officiers, paysans se serrent dans les bancs. Plusieurs prêtres-brancardiers sont à genoux sur les degrés de l'autel. On chante les litanies de la Vierge : *Mater purissima. Mater castissima. Mater inviolata. Mater amabilis.*

Les voix profondes des vitriers, des diables bleus, soutenues par l'orgue lointain du canon, répondent : *Ora pro nobis.*

Puis, c'est le *De profundis* pour tous ceux qui dorment autour de nous, à la lisière des bois, au creux des vallons.

Requiem æternam dona eis Domine. L'éternel repos. Ils l'ont bien mérité.

C'est fini. Tout se tait, sauf le canon.

Autour de l'autel de la Vierge, près de la porte, des soldats s'attardent.

Les dernières notes de l'Angelus descendent, accompagnent ceux qui partent pour la relève des tranchées, et, là-bas, un peu plus loin, vont jusqu'aux autres, ceux qui veillent, ceux qui tombent.

Il pleut. Nous chargeons. Les blessés se pressent dans nos fourgons glacés. Nuit épouvantable au milieu de mes douze blessés. Pas de feu, pas de lumière. « Quand partons-nous? Mais quand partons-nous, Monsieur l'infirmier? — Bientôt. »

Je m'ingénie à les réchauffer. Maintenant, les prés sont blancs de givre. L'écho nous envoie les rumeurs de la bataille.

Enfin! on démarre. Et peu à peu, la joie de la lumière, le bercement du train, les endorment.

Marseille.

14 octobre. — On débarque. La ville a repris son aspect d'avant la guerre.

Le salutaire tocsin du canon n'arrive pas ici.

Foule à la porte des cafés, des théâtres, des cinémas.

Une impression de malaise nous étreint.

Au seuil d'un bar, où je m'arrête pour faire quelques provisions, on discute politique. Les plus récents décrets du Gouvernement sont l'objet de commentaires passionnés : refus du Ministère d'associer la France aux prières publiques; avis aux aumôniers militaires d'avoir à s'interdire tout acte de prosélytisme; avis aux dames de la Croix-Rouge de cesser toute distribution d'emblèmes religieux, de se tenir dans les limites de la plus stricte neutralité.

Décidément, mieux vaut l'atmosphère de Lérouville.

IX

La Toussaint en Argonne

Houdelaincourt (Meuse).

30 octobre. — Il pleut! Il pleut. Notre train est garé dans un bas-fond entre l'Ornain et le canal de la Marne au Rhin.

Les quais, les chemins sont devenus un étang de boue. Le typhus a fait une courte apparition. L'humidité ruisselle sur les parois de mon fourgon, la pluie entre par le toit crevassé.

Six heures. — La Messe, puis le « jus », puis la corvée des patates, puis ma cellule sur laquelle il est écrit en grosses lettres blanches :

   Hommes — 50.
   Chevaux, en long — 8.

Une couverture autour des épaules et me voilà dans un coin, loin des gouttières, mais proche du vent, en face de ma table de travail — une caisse de conserves Potin — un cahier ouvert. Et, ici encore, je me sens soldat.

Dans la musette de nos blessés, dans leur sac déjà si lourd, il y a presque toujours, hélas! le petit coin réservé à « l'imprimé ». Les pauvres gens ont acheté ce qui leur tombait sous la main, au hasard des bibliothèques de gare. Un peu de poison, un peu de sottise à quatre sous, à six sous. Tout cela vient échouer au fond de nos fourgons, parmi des étuis de cartouches, des débris de tabac, des boîtes de singe. Et cela est navrant comme un champ de bataille sans gloire où l'âme d'un pays se meurt empoisonnée.

Travaillons.

Midi. — La soupe :

Ce n'est pas de la soupe, c'est du rata.

Avec mon compagnon de fourgon, l'abbé Gausseran, nous empoignons nos deux « tuyaux d'orgue » et allons au rata.

En tête à tête, dans la roulotte... M. le curé me parle de son presbytère accroché au flanc des Pyrénées, avec son jardin plein de ruches, son église qu'entourent de vieux tilleuls.

Cinq heures. — « A la bidoche ! » crie le cuisinier.

Nous allumons le quinquet. Nos gamelles de fer blanc s'enveloppent de la fumée d'un « navarin », où se mêlent fayots et patates, reliefs de singe et de mouton.

« Votre quart, M. l'abbé. A votre santé. »

Dans la pénombre rougeâtre, les brancards s'alignent, le quinquet fume, les cuivres brillent. Un tableau de Jordaëns.

Sept heures. — A l'église. Prières pour la guerre.

Des femmes, des enfants, pas d'hommes. Au loin, le canon nous taille de la besogne.

Samedi. — M. le curé arrive dans mon fourgon. « Voudriez-vous prêcher demain le sermon de la *Toussaint ?*

— Volontiers.

— Puis, ne pourrait-on pas organiser une messe militaire ? Cela amènera quelques hommes.

— On tâchera... »

Le soir, après la soupe, mobilisation de la *Schola.* En avant, pour l'église. Toutes les fortes têtes en sont.

— Dame, la Toussaint... les Morts.

Un prêtre-soldat, vicaire de Reims, est à l'harmonium. On attaque la messe de Dumont, l'*Hymne à l'Étendard,* le *Christus vincit.* Le tout en parties, s'il vous plaît. C'est magnifique. Nos artistes s'admirent. La moitié du village est accourue. Cela nous promet un joli succès pour demain... à moins que le canon n'ait marché plus vite que nous.

Neuf heures. — Je récite mon troisième chapelet sur le quai.

Les lumières s'éteignent, la roulotte s'endort. Un brouillard glacé blanchit les prairies.

Je songe à nos soldats, à leur veillée de Toussaint dans l'eau des tranchées.

Une question me traverse l'esprit : « Où serons-nous, la Toussaint prochaine ? — Où Dieu voudra. »

Étendu sur mon brancard, je songe un instant à mon sermon de demain : *Beati qui lugent.*

Ainsi Perrette.

La Toussaint. — Deux heures de la nuit. On frappe. « Qu'y a-t-il ? — L'on part. — Dans ? — Une demi-heure. — Pour ? — L'Argonne. — Bien. » Pauvre Toussaint !

Le jour s'éveille. Nous roulons vers Sainte-Menehould, d'où les Prussiens viennent de sortir après avoir rempli leurs poches, leurs voitures et leurs caissons.

Nous traversons les rivières de l'Argonne sur des ponts de fortune rebâtis d'hier. Câbles d'acier rompus, poutrelles brisées, rails tordus pendent dans le vide, comme de grands bras blessés. Sur ces ruines, nos sapeurs ont jeté des assises de béton, entassé des sacs de ciment et de sable, posé des traverses, fixé des rails.

Aux Islettes, le long tunnel dynamité nous livre passage par une étroite galerie ouverte dans la terre éboulée. Les longues files de madriers font songer à un cortège de fantômes blancs.

Puis, la désolation sans fin des villages en ruines.

Revigny.

Cendres et décombres, quelques foyers allumés parmi des pierres calcinées.

Clermont-en-Argonne.

La ville des eaux et des bois, des jardins suspendus et des hôtels coquets blottis sous la lourde ramure des pins. Aujourd'hui amoncellement de ruines qui s'effritent. Sur un éperon de roches aux sapins roussis, un débris plus lugubre, l'église. Les pierres du clocher, le bronze fondu des cloches, ont roulé dans les broussailles. On songe à quelque sentinelle décapitée, restée debout, veillant sur la solitude.

Aubréville.

Ici, l'église demeure intacte parmi les maisons écroulées. Du moins ses blessures n'apparaissent pas. L'horloge dorée du clocher nous regarde, continue à marquer les heures.

Les cloches sonnent : c'est la Toussaint.

Des femmes, des enfants, des paysans en blouse sortent des ruines, montent vers l'église.

Dombasle-en-Argonne.

La petite rivière coule parmi les roseaux et les joncs autour des fermes écroulées.

Toute la vallée est creusée de tranchées. Quelques-unes pleines d'eau, ouvertes en plein ciel ; d'autres, couvertes de ramures, d'où le vent emporte des feuilles mortes.

Dans un bas-fond, sur la terre remuée, un vol de

corbeaux étend comme un drap noir mouvant. A la lisière des bois, de minuscules croix sont piquées dans le sol, surmontées d'un képi.

Baleicourt.

La campagne s'anime. Le bourdon des canons de Verdun se précise. Le long de la voie, des régiments d'artillerie fourbissent leurs pièces, redressent les boucliers, réparent les affûts.

Sur les chemins, des chevaux étiques, le poil long, passent au trot des patrouilles ; d'autres, blessés, abandonnés, se traînent dans les prés parmi des cadavres de chevaux morts. Le long des talus, des traînards, des éclopés assis, couchés, pliés, dans leur capote ou leur couverture, attendent les voitures d'ambulance.

Verdun.

La nuit vient. A la lumière d'une bougie, j'installe mes douze blessés.

Puis, l'inévitable préambule. « Vous êtes au moins un curé ? — Oui, mon ami. — Alors, chic ! »

Et les confidences... tout le monde est à l'aise.

Un grand poilu jure : « Ah ! les vaches ! — Qui ? — Si au lieu de ficher dehors les braves gens on y avait fichu les espions ! Si au lieu de la guerre aux curés, on avait soigné la guerre aux boches, fabriqué des obus, des mitrailleuses, des canons. »

Le discours se poursuit, pendant que je distribue la tisane et visite les pansements.

Le jour des Morts. Minuit. — En pleine Argonne.

Les lumières rouges du train glissent sur l'ossuaire.

J'égrène mon chapelet sur les pauvres tombes abandonnées.

Voici la [pluie, l'horrible pluie. Il gèle dans le fourgon sans feu.

Par le toit, les portes, les fenêtres, la pluie entre, ruisselle.

Il faut déplacer les blessés, les installer dans les coins où il ne pleut pas. Sous les gouttières, j'installe seaux et tinettes.

Le quinquet s'est éteint. Le wagon, sans ressorts, saute, se démène.

Enfin, le jour. Une lueur pâle traverse les fissures du fourgon. J'ouvre la porte. Il pleut.

Dijon.

Les distributions commencent pour se continuer jusqu'à Nice, toujours aussi... touchantes. Du thé, puis du fromage, du lait, puis du raisin, du bouillon, puis de la confiture, puis du pain... puis...

Vallée du Rhône.

La pluie cesse quelques heures. Dans les chemins, des hommes, des femmes, passent, les mains pleines de chrysanthèmes. De nouveau la nuit et la pluie. Le jour des morts s'en va sans une étoile.

Antibes, Cannes.

3 *novembre*. — Le soleil se lève sur des eaux bleues au bruissement des palmes.

Sous le feuillage cendré des eucalyptus les villas aux espaliers de roses s'éveillent, des persiennes s'entr'ouvrent, des yeux regardent le long convoi : têtes bandées de linges rouges, bras en écharpe, jambes emprisonnées dans des gouttières, figures hâves aux grands yeux de fièvre, tout le dur réalisme de la guerre.

Nice.

On débarque. Un chasseur alpin m'avance, de son bras valide, une pièce de quarante sous, et, un peu timide : « Monsieur l'abbé, seriez-vous assez aimable pour me dire une messe... C'est pour les Morts ! »

Me voilà seul, abasourdi, la tête vide. Un coup de balai et je fuis vers la grève respirer un peu d'air pur.

Les grands hôtels de la plage, de la promenade des Anglais, le casino de la jetée regorgent de blessés. Sur la promenade Albert-Ier, des convalescents passent appuyés sur des béquilles, traînés sur des voiturettes, à l'ombre des palmiers et des magnolias ; d'autres, au bord de la jetée, lancent du pain aux mouettes.

Cinq heures. — On repart, la nuit vient, les brancards grincent : « Infirmier ! — Qu'y a-t-il » — Rien, je suis seul. Le cauchemar de tous les retours. Quelques filets de sang sur les toiles tendues sèchent. Les deux images du Sacré-Cœur veillent.

Bordeaux.

8 *novembre.* — Nous laissons la roulotte à Montpellier où elle va faire peau neuve, renouveler son matériel. En attendant, je vais passer vingt-quatre heures dans ma bonne ville de Bordeaux, devenue, depuis deux mois, la capitale de la France.

Clair soleil. Cours de l'Intendance, rue Sainte-Catherine, rue Vital-Carles, autour de l'Archevêché confisqué, devenu palais présidentiel, cohue de limousines fraîches, pimpantes, jolis chauffeurs en bleu horizon et bottes à l'écuyère, toilettes nouvelles, toute la gamme des satins et des moires. La guerre en dentelles.

On m'invite à parler aux blessés de l'hospice des Sourdes-Muettes.

Comme je sors de la chapelle, une femme en grand deuil, portant le brassard de la Croix-Rouge, s'approche :

« Vous venez de l'Argonne ? Mon fils, officier de cavalerie, est tombé là au mois d'août. Nous n'avons jamais reçu de notification officielle. Un simple mot d'un de ses camarades: Nous avons écrit au général, au ministre de la guerre, au président de la République. Rien ! Rien ! . »

— Vous pouvez donc espérer encore, Madame.

— Oh ! de grâce, mon Père, pas ce mot. Nous avons mis trois mois à nous résigner, ne nous rejetez pas dans l'angoisse du doute. »

Pauvres mères !

Montpellier.

10 novembre. — Le nouveau train s'apprête.

Un aumônier militaire m'invite à une séance musicale offerte par les blessés de l'hôpital temporaire n° 43, installé dans le Collège des Jésuites confisqué en 1901.

Ma première visite est pour la chapelle, un pur bijou gothique, transformée en magasin à charbon.

Les orgues ont été charriées à une salle de concert. Les grilles, les fers ouvragés du chœur, les boiseries sculptées, les vitraux, tout a été arraché, vendu à l'encan.

Par les verrières béantes, les voûtes crevassées, la pluie entre, s'amasse en flaques, parmi les pavés de mosaïque défoncés. Des mousses vertes pendent aux murs.

Toute la désolation de l'église de Clermont-en-

Argonne... Mais les ruines de Clermont étaient glorieuses, blessures reçues à l'ennemi.

Corridors, dortoirs, cellules, sont pleins de blessés. La salle des séances, avec sa scène, est devenue un vaste dortoir. Les blessés sont là, couchés dans leurs lits, assis sur des bancs. Le rideau se lève. Sur les murs de la scène, une image du Sacré-Cœur, un crucifix de plâtre, ont été oubliés.

Les acteurs s'avancent appuyés à leurs béquilles, assis sur une chaise, quand ils ne peuvent se tenir debout.

Je sors.

Dans les cours quelques échasses, un foot-ball crevé, traînent près de la questure. Sur le sable, les carrés noirs et blancs du jeu de ballon sont encore visibles.

Au-dessus de la porte d'entrée une sculpture creusée dans la pierre : le Christ accueillant les enfants. Une inscription : *Sinite parvulos venire ad me !*

11 novembre. — Le nouveau matériel est prêt : grands fourgons neufs sortant des ateliers de Bacalan... Deux fenêtres, un poêle. Je nettoie le plancher, enlève le crottin de cheval, bouche les fissures. On nous a gratifiés d'un infirmier auxiliaire par wagon. En route vers la Haute-Marne par la vallée du Rhône.

A droite, les monts de Vercors, blancs de neige ;

à gauche, les Cévennes aux pentes dénudées, où paissent des troupeaux.

Rupt (Haute-Marne).

Trois cents habitants et déjà huit morts.

Quelques jours de repos, auprès d'un saint prêtre.

Oh ! la joie du contact d'une âme profondément sacerdotale !

A la messe du matin, le bataillon des tout petits s'avance, mains jointes, les yeux baissés vers la Sainte Table. Après les tout petits, ce sont les mères, les sœurs, les vieillards.

La communion du dimanche, c'est l'heure triomphale.

Et je songe aux dix justes que le Seigneur réclamait pour le salut de la cité.

Sermon tous les soirs. Je prêche un bout de Mission.

Les soldats, les prêtres du train sont là. On prie, on chante.

Toutes les voix répondent aux litanies de supplication composées par M. le Curé : Notre-Dame des Victoires, priez pour nos soldats. Notre-Dame de Lourdes, priez pour nos soldats. Notre-Dame du Saint-Rosaire, priez pour nos soldats. Notre-Dame de Rupt, priez pour nos soldats, etc...

L'invocation se poursuit répétée par toutes ces âmes meurtries par la certitude, angoissées par l'attente. Je me sens ému jusqu'aux larmes.

Merci au saint prêtre qui, pendant quelques jours, a reposé nos âmes.

X

Noël en « sanitaire »

Latrecey (Haute-Marne).

Samedi 19 *décembre* 1914. — Il pleut à torrents, pluie froide mêlée de neige. Toute la nuit, sur le toit du wagon, c'est comme un crépitement de grêle, le vent siffle par les fentes de la roulotte. Pourtant, comme j'ai passé la soirée à courir la montagne pour faire un fagot de bois mort, je dors assez bien sur mon brancard. Que dirons-nous demain à ces braves gens de Latrecey ? Toute la journée, les conscrits de la classe 1915 ont encombré les quais, ils vont dans les dépôts se préparer à remplacer au front les aînés dont les forces s'épuisent, dont les rangs s'éclaircissent. Les larmes se multiplient. Allons, il faudra parler de confiance, parler de la Bonté de Dieu, parler aussi de la Belgique. C'est demain son jour, le jour du Drapeau... Il faut que les cœurs s'ouvrent à la reconnaissance, les bourses à l'aumône généreuse. Je m'endors en revoyant par la pensée les horizons pâles de notre seconde mère, à nous, les exilés d'hier, la Belgique... Liége, Tongres, Enghien, en songeant à mes élèves de Liége qui combattent maintenant pour nous sur cette terre du martyre. Le jour de ma fête, la saint Albert, ils portaient, à la boutonnière, le drapeau français piqué à côté du drapeau belge. Aujourd'hui, ils donnent leur sang sous les plis fraternels des deux drapeaux. Avec quel amour fier nous porterons le leur !

Dimanche, 10 heures. — Malgré la pluie, malgré la tempête, nos bons pioupious, officiers en tête, ont fait bravement les deux kilomètres qui séparent le garage de l'église. Les prêtres-soldats sont groupés autour de l'harmonium tenu par un infirmier. C'est un soldat qui chante la messe. L'aube est un peu courte, et l'on voit vingt centimètres de pantalon rouge sur des godillots pleins de boue. Dans la large nef une cinquantaine de paroissiens et même deux ou trois hommes... C'est peu pour une population de 400 habitants, mais M. le curé exulte : « Je n'avais pas tant de monde pour la Noël de l'an dernier. Il ne faut pas être difficile dans ce pauvre pays. Encouragez-les, remerciez-les. Ah ! quelle belle fête nous aurons pour la Noël, si la Providence permet que vous soyez là. » Pendant toute la messe, on entend le canon tonner du côté de Saint-Mihiel.

Je parle de la bonté de Dieu qui pardonne aux individus, aux patries ; de Dieu qui ne résiste pas au repentir, à la prière rédemptrice du juste.

Je leur parle du scandale du prophète Jonas

devant la miséricorde de Iavé pardonnant à Ninive parce qu'elle s'est repentie, d'Abraham le patriarche, prosterné devant le Seigneur aux chênes de Mambré et le suppliant d'oublier le cri des fautes de Sodome, d'épargner les villes coupables au nom des dix justes qui s'y trouveront peut-être. Abraham dit : « Que Jéhovah veuille ne pas s'irriter, et je ne parlerai plus que cette fois : peut-être s'en trouvera-t-il *dix*. » Et il dit : « Pour l'amour de ces dix justes, je ne la détruirai point. » Dieu est toujours riche en miséricorde, mais faut-il encore faire appel à cette miséricorde. La victoire nous sera donnée parce que le nombre des âmes justes qui prient pour la France suffira à faire le contre-poids de nos fautes, mais Dieu, qui guérit en frappant peut sauver la patrie en frappant les familles. Où seront, la guerre finie, les foyers qui pourront, sans arrière-pensée, se livrer aux joies de la victoire? Si nous voulons que Dieu soit Père, montrons-nous ses enfants; respectons sa loi quand nous implorons sa miséricorde.

Les pioupious chantent le *Credo*, puis s'entraînent aux cantiques de Noël.

8 heures du soir. — Je viens de manger la soupe, je récite mon chapelet en me promenant dans l'espace laissé libre par les douze brancards; dans le fourgon voisin, l'infirmier, un coiffeur de Montpellier, s'exerce, sur son hautbois, à jouer « Minuit, chrétiens ». On frappe : « Entrez. — C'est l'heure de la répétition. » On se réunit dans un grand wagon à bestiaux. Un soldat bat la mesure, le coiffeur accompagne de son hautbois : « Minuit, chrétiens », « Il est né le Divin Enfant », « *Adeste fideles...* »

C'est fini. J'achève de réciter mon chapelet sur le quai. La pluie a cessé. Il tombe quelques flocons de neige. Tout autour, les grands bois de pins gardent le silence... De temps à autre, l'aboiement d'un chien, la sonnaille d'un troupeau, au fond des clairières, puis, un grondement sourd dont l'écho suit les collines : le canon. A côté de moi des soldats, en sabots, passent en fredonnant : « Minuit, chrétiens. »

Lundi 21 *décembre*. — « On part ! on part ! » Pauvre curé de Latrecey ! Il arrive essoufflé, pour nous faire ses adieux : « Quel malheur ! Nous aurions eu une si belle fête de Noël. Ça ne fait rien, votre bon exemple n'aura pas été perdu. » Et il serre la main à nos soldats, à nos officiers. « En voiture, pour Clermont-en-Argonne. »

Clermont-en-Argonne.

Mardi, 22 *décembre*. — Nous arrivons vers trois heures du matin et, tout de suite, on commence le chargement, les blessés affluent. Ils sont là, sur la paille d'une tente dont les lucarnes de toile huilée laissent passer quelques rayons de lumière. La

Le Train rouge.

gare est dans la nuit, car il faut éviter d'attirer le feu de l'ennemi. Près de la tente, où se fait le triage des blessés, un grand hall chauffé par un poêle et dominé par le fanion de la Croix-Rouge. Un large transparent de verre, suspendu au-dessus de l'entrée, porte aussi la croix aux reflets de sang. Dans le hall, les blessés se pressent, couchés sur la paille ou les brancards, couverts de boue jusqu'aux épaules. Des infirmiers, des médecins visitent les pansements hâtifs du champ de bataille.

Nous chargeons, dans la nuit. « Y a-t-il du feu dans le wagon ? demandent les blessés. — Oui, mon ami. — Ah ! enfin, on va pouvoir se chauffer. Voilà des semaines qu'on vit, comme les crapauds, dans l'eau des tranchées. Heureusement, l'ordre de prendre l'offensive est donné, depuis dimanche. Ce n'est pas trop tôt. En vérité, cela devenait intenable. Passe pour la nuit, on peut se lever, sortir un peu de la tranchée, quand les Boches n'ont pas de projecteurs... on peut se redresser, taper des pieds... mais le jour ! Douze heures d'immobilité, à genoux ou couchés dans l'eau, avec vingt balles à tirer. — Vous n'avez pas de tranchées couvertes ? — A l'arrière si, mais sur le front pas moyen, puisqu'on avance. »

Mes douze blessés sont là installés sur leurs couchettes. Le petit poêle brûle bien. Un chauffeur compatissant m'a fait l'aumône d'une brique de charbon. L'administration en nous donnant un poêle n'avait oublié qu'une chose : nous fournir de quoi l'allumer.

Je distribue un peu de bouillon chaud aux malades. Il me reste quelques bouteilles de vin achetées à Latrecey... je les leur donne. « Ah ! qu'on est bien. C'est rudement mieux que dans les tranchées. Quelle veine d'avoir attrapé deux pruneaux... » Ils sont joyeux et bavards comme une bande d'écoliers partant en vacances. Même les plus atteints, balles dans la tête ou dans les reins, ont un bon sourire... Puis ils font l'inspection du salon. Leurs yeux vont du crucifix suspendu devant la fenêtre aux images du Sacré-Cœur clouées au plafond au-dessus de leurs têtes... Un instant de silence, puis le plus hardi, un petit Parisien imberbe, caporal mitrailleur, pose la question attendue : « Vous êtes pour sûr un curé, Monsieur l'infirmier. — Oui, mon ami. — Ah ! chic, alors ! On ne sera pas charcuté. » Puis c'est un adjudant de marsouins qui m'appelle : « Monsieur l'abbé, vous ne pourriez pas m'enlever mes souliers. Tout ça, c'est plein d'eau. — Volontiers, mon ami. » On coupe les lacets pleins de boue, on arrache aussi doucement que possible les bottes devenues trop petites pour les pieds enflés. Je mets les bas sécher sur le poêle, j'enveloppe de mon mieux les pieds nus dans la couverture. Au suivant, un brave père de famille à la barbe de patriarche. Les reins percés d'une balle ou d'un éclat d'obus le taquinent un peu. Il faut l'aider à se mettre sur le côté, puis le caler avec un « polochon ». Je visite les pansements, quelques-uns sont trop serrés, d'autres trop lâches. Je borde les couvertures, couvre les pieds, maintenant :

>Dormez mes jolis
>Dans vos petits lits.
>Dormez petits gas
>Sans effroi...

Ils dorment, ils ronflent, dans leurs capotes rouges d'argile. Il y a si longtemps qu'ils n'ont pas dormi! C'est le moment d'aller, quelques instants, visiter les ruines de Pompéi ; Dans le brouillard matinal, des fumées montent des décombres. Quelques pauvres gens restés dans les caves au moment de l'incendie et du bombardement, ou revenus de leur exode, ont rallumé un foyer de misère. Je traverse les quais. Un convoi d'artillerie lourde arrive. Les grosses pièces de 120, de 155, sont là dressées sur leurs plates-formes dans le rayonnement des cuivres neufs. Elles arrivent du Creusot, des places du Midi qu'on a démantelées. Les soldats qui défilent dans la direction de Varennes les saluent d'un regard d'amour. « Enfin, enfin l'artillerie lourde. » La grand'rue qui monte jusqu'au sommet de la ville fait songer à quelque scène du jugement dernier. Des deux côtés, à perte de vue, des murailles calcinées, dressant vers le ciel leurs moignons, hérissés de fers tordus, de poutres brûlées. Parmi les décombres, je distingue des lits de fer écrasés sous les pierres; ici un petit berceau d'enfant devenu une chose informe. Plus loin, c'est une cave béante. J'y pénètre. Entre quelques briques, un foyer a été construit autour duquel on s'abritait à l'heure de la grande angoisse. Des ustensiles de cuisine sont là dans la boue. Un grand hôtel a conservé sa façade debout au milieu des décombres : « Hôtel des Voyageurs ». Au-dessous des hautes lettres rouges, une affiche pend, à moitié brûlée : « Jour de Pâques 1912, grande retraite aux flambeaux. » Hélas!

Mais j'ai hâte d'arriver à l'église cachée, tout au sommet de la colline, derrière un massif de sapins. La crypte qui s'ouvre sous la sacristie est intacte; des pioupious y ont installé leur popote à côté d'un bénitier brisé. Nous avançons parmi les pierres du clocher. Les cloches sont là, à moitié fondues, des coulées de fonte s'incrustent dans le gazon. Sur la porte, une date creusée dans la pierre, 1384. Au-dessus, une vierge antique est restée intacte.

Nous entrons, la nef est pleine de décombres, débris de statues, de vitres, de tableaux, pêle-mêle parmi les plâtras noircis. La pluie est entrée par les verrières brisées. L'autel est toujours là, mais le tabernacle a disparu. Sur l'autel, quelques gerbes de lis artificiels. La chaire est intacte, intactes aussi et fraîches la statue du Sacré Cœur et les trois statues de la Sainte Vierge. Une de ces dernières attire surtout mon attention. A gauche de la nef, dans la chapelle de la Vierge, criblée de balles, noire de fumée, une ogive très fine de pierre sculptée domine l'autel. La verrière a éclaté. La Vierge très douce, les yeux baissés, les mains jointes, prie sous son ogive ajourée, pas un pli de sa robe d'azur n'a été frappé, noirci. L'ogive n'a pas perdu un fleuron. En face de cet autel, au-dessus d'un confessionnal calciné, une autre statue, N.-D. des Victoires, sourit, fraîche en sa parure neuve. L'Enfant qui est dans ses bras élève la main et bénit, d'un doigt. Tout autour, des entassements de grilles tordues, enchevêtrées, parmi des blocs de pierre noirs, et les restes d'un chemin de croix carbonisé. Nous sortons. De la plate-forme gazonnée qui entoure l'église, l'œil embrasse l'étendue des ruines, le chaos sans nom de la ville morte. Une femme en haillons descend la rue. Nous la questionnons. Elle répond par monosyllabes : « Oui, ils ont mis le feu, maison par maison, à la main, en commençant par l'église. Les femmes des officiers étaient là pour piller. Ils ont bu, volé ce qui leur convenait, puis mis le feu. Deux habitants sont sortis des caves, on a tiré dessus. La plupart avaient fui. La Supérieure de l'hospice leur a seule tenu tête. Ils voulaient brûler l'hôpital avec les blessés. Elle les a empêchés. Ah! elle n'a pas peur, celle-là. C'est une Sœur de charité qui vaut un général. Maintenant, c'est la misère. On n'a ni de quoi manger, ni de quoi s'habiller. On habite comme on peut, les uns sur les autres. Oui, oui, c'est comme ça, on pleurerait tout le temps, si on s'écoutait, mais il faut vivre. » Elle s'éloigne.

Au nord-est, vers Charny, Consenvoye, des fumées montent couvrant les bois d'un crêpe mouvant, ce sont d'autres villages qui brûlent, d'autres ruines qui s'accumulent, d'autres plaies qui s'ouvrent. La voix du canon ne cesse pas. C'est la mort, ce sont les larmes et les deuils.

L'hôpital de la Sœur Gabrielle est resté comme le cœur vivant de ce corps mort. Des voitures d'ambulance, des automobiles de la Croix-Rouge se pressent autour de la porte où flotte un drapeau tricolore. La chapelle est ouverte ; elle sert d'église paroissiale, et c'est comme une matinée claire et parfumée d'avril qui surgirait en plein hiver. Les murs blancs aux peintures pâles, les massifs de verdure dressés dans les angles, le tabernacle voilé de drapeaux, tout au fond la Vierge de la Médaille miraculeuse, le front incliné sous sa couronne de douze étoiles, les lèvres souriantes, les mains ouvertes et pleines de rayons. Tout repose, tout parle de paix, invite à la confiance. De temps à autre, un blessé entre par la porte de la sacristie et s'agenouille en silence. Nous sortons par cette porte. Dans un corridor transformé en chapelle ardente, deux soldats morts d'hier sont étendus sur leurs brancards, les traits crispés, la face jaune, les habits boueux, mais leurs mains sont jointes en un geste de repos infini. Nous entrons à la cuisine, le seul parloir disponible. Deux Sœurs de Saint-Vincent de Paul préparent la popote des blessés.

« Nous sommes là trois prêtres du train sanitaire. Nous désirerions saluer la Mère Supérieure.

— Elle doit être à la salle d'opérations ; je vais la prévenir. »

Sœur Gabrielle arrive, petite, énergique, la tête bien droite sous les deux grandes ailes de sa cornette.

« Bonjour, messieurs. Je viens d'assister un blessé auquel on coupait la deuxième jambe. — Pauvre enfant ! — Oui, mais ils sont admirables. La France peut être fière de ses enfants. Ils ne se plaignent pas et pourtant, pourtant, Dieu sait leurs souffrances ! »

Il y a une larme dans ses yeux.

« Et l'esprit religieux ? — Excellent. A peu près tous nos blessés sont arrivés portant leur médaille miraculeuse. Un seul mourant a refusé les sacrements, et encore sans hostilité. Mais quelle ignorance religieuse! Pourtant, il serait si facile d'éveiller leur foi! Tenez, hier, un blessé était sur la table d'opération. Le chirurgien regarde avec inquiétude la cuisse, horriblement brisée par un obus. « Vous n'allez pas me la couper? dit le malheureux. — Si je peux, non; mais je sacrifie toujours le membre au corps. — Je comprends. » Puis se recueillant, les mains jointes : « Eh bien! soit, Monsieur le major, envoyez prendre M. l'aumônier, après vous ferez ce que vous voudrez.

— C'est bien, ma Sœur. Cela durera-t-il?

— Oui, oui, mon Père, cela durera, cela durera; il y aura quelque chose de changé après la guerre[1]. »

Le train rouge a fini de charger. Nos quatre cents blessés attendent avec impatience l'heure du départ. Mais il faut laisser venir la nuit pour ne

---

1. Dans le *Livre d'or* publié par le gouvernement pour porter à la connaissance du pays l'héroïsme civil, on lit : « Mme Marie Rosnet, Sœur de Saint-Vincent de Paul, supérieure de l'hospice de Clermont-en-Argonne, demeurée seule dans le village, a fait preuve pendant l'occupation d'une énergie et d'un sang-froid au-dessus de tout éloge. Ayant reçu de l'ennemi la promesse qu'il respecterait la ville en échange des soins donnés par les Sœurs aux blessés, a protesté auprès du commandant allemand contre l'incendie de la ville en lui faisant observer que la parole d'un officier allemand ne vaut pas celle d'un officier français et a ainsi obtenu l'envoi d'une compagnie de sapeurs qui a combattu le feu; a prodigué aux blessés tant Allemands que Français les soins les plus dévoués. »

pas attirer le feu de l'ennemi. Enfin, l'ordre de départ est donné; un petit coup de sifflet discret. La roulotte s'ébranle. Nous sommes en marche depuis quelques instants quand un sifflement aigu prolongé attire notre attention. Un artilleur blessé se réveille, écoute, puis : « Voilà une marmite qui passe, une, deux, trois, vous allez entendre. » Boum ! Le fourgon tremble. La marmite a éclaté dans un champ. Est-ce un obus perdu ou sommes-nous repérés ? A ce moment, une commotion violente fait sursauter les brancards, gémir les blessés. Deux wagons viennent de dérailler à l'aiguillage des Islettes. Dans la nuit, à la lueur des torches de bengale, une équipe du génie travaille avec des crics, des leviers, à remettre en place les fourgons. Nous chargeons les blessés sur les épaules pour les transborder dans les wagons indemnes. Pas d'accidents de personnes. On abandonne les wagons brisés et on continue. Vers huit heures, nouvelle alerte. Le wagon pharmacie prend feu, on le dételle et en avant. A la lueur du quinquet, je parcours l'*Écho de Paris* : « Le R. P. *Gilbert de Gironde*, de la Compagnie de Jésus, sous-lieutenant, cité à l'ordre du jour des armées, décoré de la médaille militaire pour sa vaillante conduite, vient de tomber glorieusement sur l'Yser, le 7 décembre. » C'est le vingt-deuxième Jésuite français tué à l'ennemi. Comme les autres, il est revenu d'exil à l'appel des armes. Il venait de Belgique comme d'autres venaient de Hollande, d'Angleterre, d'Espagne, d'Italie, des Indes, du Canada, pour défendre au prix de leur sang la patrie qui les proscrivait. Je le revois le cher P. Gilbert, tel que je le vis pour la dernière fois à Enghien, la veille de son ordination. J'entends cette voix chaude, discrète et vivante qui en avait fait le chef, l'orateur de la Jeunesse Catholique Toulousaine. Il avait reçu l'ordination sacerdotale la veille de la mobilisation. Il est parti pour la France quelques heures après sa première messe. Ah! il faut sans doute à Dieu le sang le meilleur, le plus pur pour le rachat de la patrie.

Et voici que le même journal m'apprend une autre mort qui, elle aussi, fauche les plus hautes, les plus légitimes espérances, la mort du R. P. de Gailhard-Bancel. Lui aussi quitta l'exil pour venir mourir. Une douleur, du moins, leur aura été évitée, que nous aurons peut-être à savourer, celle d'être chassés de leur pays à l'heure de la victoire, celle de repasser la frontière, à la suite des ennemis qu'ils sont venus combattre. Leur exil est fini, ils ont touché le sol de la patrie définitive : ils partent avec la double béatitude du devoir accompli et de la persécution soufferte pour la justice.

Je récite mon chapelet pour eux. Les deux quinquets éclairent le fourgon, d'une lumière pauvre. Le rameau de gui balance au plafond ses petites fleurs blanches. Quelques blessés que leurs blessures tourmentent, se trouvant trop secoués sur leurs brancards, viennent s'asseoir autour du poêle. Ils causent. Ils disent les horreurs de la tranchée et ses gaietés. L'adjudant de la coloniale fait sécher du tabac dans une assiette et bourre les pipes à la ronde en répétant : « Chienne de vie, dire que ça se passe au vingtième siècle ! Heureusement, il y a toujours des types pour rigoler de tout. Hier nous étions depuis dix heures à plat ventre, dans l'eau, comme les crapauds. Défense de tirer, défense de montrer la tête, défense de sortir du trou ; un « Parigo » gêné par cette position élevait sans cesse la tête au-dessus de la tranchée, pour voir le paysage et dire des amabilités aux Boches. Chaque fois c'était une grêle de balles passant sur nous. Je l'avertis deux fois, trois fois ; comme il continue je m'approche : « Si tu lèves encore la tête, je te brûle la cervelle », et lui de s'esclafer : « Oh! oh! l'adjupète qui prend les grands moyens maintenant. Il veut me brûler la cervelle, lui qui ne tuerait pas une puce à *1.500 mètres.* » Tout le monde rit.

Un silence... Mon petit Parisien paraît pensif, la tête inclinée vers le poêle, appuyée sur la paume de la main... il semble sommeiller. Je l'appelle : « Vous dormez ? — Oh! non, c'est ma balle qui me taquine, mais je connais ça. J'ai déjà écopé au mois d'août. Un mois d'hôpital à Moissac et je repartais.

J'en ai pour un mois. Puis j'irai attraper un troisième pruneau. Celui-là peut-être me réglera mon compte. Qu'importe... Si vous nous lisiez quelque chose, dites... — Volontiers ! » Je lis dans l'*Écho de Paris* le récit très émouvant de l'enterrement d'un soldat, au bord d'une tranchée. Ils écoutent émus... puis l'adjudant : « Il a eu de la chance, le copain, d'être si bien enterré et avec des prières, encore. C'est un luxe maintenant d'être enterré. Nous avons passé des jours en Argonne, à côté de monceaux de cadavres français et allemands, qui tombaient en pourriture. Oh ! l'horrible charnier !

« Avant-hier, dans les bois de Boureuilles, j'aperçois un soldat couché hors de la tranchée, épaulant son fusil. Je l'appelle, rien. J'approche pour le secouer, mort... depuis deux jours. Plus loin, c'est un autre cadavre étendu sur le fossé de la route, les yeux grands ouverts, les bras tendus. Impossible de s'arrêter pour l'enterrer. On dit une prière et on passe... »

Lyon.

Jeudi 24 décembre, vigile de la Noël. — Je suis réveillé par des cris, des coups frappés à la porte. Je quitte ma paillasse, j'ouvre. C'est un train de conscrits de la classe 1915, imberbes, encore gênés dans leurs capotes neuves, ils regardent avec de grands yeux étonnés, inquiets, les vétérans boueux, sanglants, étendus sur leurs couchettes de toile. Ils se taisent devant cette première vision de la réalité brutale qu'ils connaîtront demain par expérience. Ils interrogent, timides. « Tu es bien touché? — Oh! deux balles, une blague. — Tu souffres? — Tiens, la question! mon vieux, c'est le métier, ça. Tu verras, il reste encore des marmites, des moulins à café, et tout le fourbi par là-haut, faut pas t'en priver. »

Les bleus s'éloignent, en tapant du pied, pour se réchauffer... ils allument leur plus grosse pipe pour se donner un air martial.

***

Un mistral glacé balaie la vallée du Rhône, puis voici la neige; les flocons blancs viennent battre les petites vitres du fourgon. Les blessés se pelotonnent dans la couverture. L'adjudant tisonne le poêle. Vienne, Valence, Orange, Avignon, Marseille...

La nuit est venue, *la nuit de Noël.*

Les blessés ont mangé la soupe... si on peut appeler de ce nom l'invraisemblable mélange qu'à chaque halte vient aggraver la charité des populations. Ils ont mangé des pommes, puis des biscuits, puis du fromage, puis des sardines... puis du pain. Ils ont bu du café, puis du thé, puis du bouillon, puis du lait, puis du vin... Chaque fois je m'effraie pour leurs estomacs. Bah! le cœur guérit l'estomac. Ils sont si heureux, de voir qu'on les aime! « Il faudrait faire le réveillon, propose un braconnier à la barbe fauve qui ne se soucie pas plus des deux morceaux de fer qu'il porte dans le bras, que de son premier veston. Vous comprenez, c'est pas la question de manger, mais la nuit de Noël dans un train sanitaire, ça n'arrive pas tous les jours. On racontera ça aux gosses, plus tard. » Tous les blessés approuvent. J'approuve aussi : « Je veux bien, mais avec quoi ferons-nous notre réveillon? Je n'ai pas un radis.

— Moi, dit un blessé, j'ai là deux boîtes de homard que je rapporte des tranchées. Voyez un peu dans ma musette. » Je vais voir dans la musette. Les deux boîtes sont là parmi des étuis de cartouches, du tabac, des chaussettes, des morceaux de pain et des reliefs de « singe ». Les boîtes sont rouges de terre mais n'ont pas perdu leur clé. « Va pour le homard, mais comment préparer ça ? — Pas malin, répond le n° 3, un réserviste à la barbe hirsute, jadis cuisinier de l'escouade. De l'huile, du vinaigre, un peu d'oignon, un peu de sel... et vous servez froid.

— Très bien, j'ai là un peu d'huile, même un oignon, mais pas de vinaigre ni de sel. » Par bonheur, une dame de la Croix-Rouge apprenant notre embarras finit par me procurer un doigt de vinaigre, l'infirmier voisin me donne une pincée de sel. Notre cuisinier a ouvert les boîtes et versé le tout dans mon assiette. Tous les blessés se sont redressés et avec grande attention considèrent ces préparatifs. Le réveillon est là sur la caisse qui sert de table. J'ai dans mon sac un petit flacon de rhum, je le retire. « Ah! ça, chic, dit le cuisinier, alors ça va être la bombe à tout casser. — Oui, réplique le Parisien, faudrait aussi le dessert, quelques cantiques de Noël : « Minuit, chrétiens »... j'ai entendu ça. — Oui, oui, un cantique, M. l'abbé, faut un cantique. » Je vais appeler un infirmier membre d'un orphéon toulousain : « Vous connaissez « Minuit, chrétiens »? — L'air, oui, pas les paroles. — Je suis dans le même cas. Peut-être arriverons-nous, quand même, à retrouver le refrain. Essayons... » Voilà qui est fait. Il y a bien un vers qui ne vient pas, mais nous avons la rime, il n'y a qu'à le remplacer... Maintenant, au réveillon! Je passe à chaque blessé une tranche de pain, avec un débris de homard. « A vos quarts! » On passe les quarts, je verse du vin... Maintenant, la goutte! Ils ont tous une larme de rhum dans leur quart de fer blanc. « A votre santé, mes amis, à vos familles, à vos enfants.

— Merci, Monsieur l'abbé, à la vôtre. » Leurs voix sont émues. C'est le moment de faire succéder le spirituel au spiritueux.

Nous roulons maintenant vers Toulon, la température s'est adoucie. Quelques étoiles, malgré les nuages, s'éveillent sur la mer. Les blessés ont fait silence. Deux ou trois sont assis à côté du poêle, qui, ravitaillé à Marseille par une dame de la Croix-Rouge, brûle avec un petit ronflement ami. Les « grands » blessés se sont étendus sur leurs brancards, les yeux bien ouverts. Pas une plainte. Nous commençons dans le fracas du fourgon :

> Minuit, chrétiens, c'est l'heure solennelle
> Où l'Homme-Dieu descendit parmi nous
> Pour effacer la tache originelle
> Et de son Père arrêter le courroux.
> Le monde entier tressaille d'espérance,
> A cette nuit qui lui donne un Sauveur,
> Peuple, à genoux, reçois ta délivrance,
> Noël, Noël, voici le Rédempteur.

A la seconde reprise, les blessés se sont mis à fredonner avec nous :

> Le monde entier tressaille d'espérance,
> Peuple, à genoux, reçois ta délivrance.

Je vois des larmes. Est-ce le souvenir des Noëls qu'ils chantèrent au pays natal, la vision de la *délivrance* peut-être prochaine qui va libérer la patrie du poids qui l'oppresse? L'heure est à l'espérance; eux ont payé leur part de l'œuvre du rachat, ils ont connu les heures de pauvreté, les heures de souffrance, les heures d'immolation, et maintenant ils sentent vaguement que Dieu voit leur calvaire, qu'il est là plus proche, tout proche, doucement penché sur leurs plaies, et qu'il les aime...

Le Train rouge.

C'est fini, ils attendent la conclusion. « Mes amis, nous allons maintenant, si vous voulez, réciter une prière. — Oui, oui. » Je récite « Notre Père, » « Je vous salue. » Ils répondent à voix basse : « Donnez-nous aujourd'hui notre pain... Pardonnez-nous nos offenses... »

Puis, d'un ton plus ferme, plus unanime :

> Sainte Marie, Mère de Dieu,
> Priez pour nous, pauvres pécheurs,
> Maintenant et à l'heure de notre mort.

« Pour terminer, je vais vous offrir une médaille qui vous rappellera cette nuit. » Je leur distribue une médaille scapulaire. « Merci, merci... Pourriez-vous me l'attacher au cou, à côté des autres?... »

Ils dorment, l'âme reposée. Avant de m'étendre sur ma paillasse, je récite le chapelet... Minuit. Dans la campagne silencieuse on n'entend que le roulement du train. A 100 mètres, sur la droite, une surface claire où se meuvent des reflets d'étoiles, c'est la mer qui toujours veille, derrière son rideau de pins marins, de palmiers, d'eucalyptus. Les enfants dorment sous le regard du crucifix, sous l'image du Sacré-Cœur. Quelques-uns s'agitent, je recouvre leurs pieds, je relève leurs couvertures et je songe à la crèche.

Nice.

25 *décembre* 1914, *Noël*. — Vers les Alpes, l'aube empourpre la blancheur des neiges. Nous voilà arrivés. Sur le quai, les brancards passent, en longues files. Je tends la main à mes blessés. Ils la retiennent longtemps. « Merci, merci ! Adieu ! »

XI

Domremy

Mercredi 30 *décembre* 1914. — Une fois encore, nous traversons la France à une allure de 30 kilomètres à l'heure. Nous voici aux portes de la Lorraine, à quelques lieues de Domremy, avec plusieurs jours de repos devant nous. Dès l'arrivée, je fais, avec deux prêtres du train, le pèlerinage au berceau de Jeanne.

Nous parcourons à pied, dans la boue, la route qui va de Frébécourt et Coussey à Domremy. Jeanne passa par là ; elle avait des parents à Coussey. Elle passa à l'ombre séculaire des grands ormeaux qui, sans doute, comme aujourd'hui, bordaient le chemin ; elle s'agenouilla sous les antiques arceaux de l'église romane. L'église de Coussey est fermée ; nous faisons, à la porte, une courte adoration. Voici les campagnes de Domremy : à droite, des champs de blé qu'on n'a pas encore labourés ; Jeanne vint là avec son père s'occuper au labour, à la moisson. A gauche, dans la nuit, les sommets du bois Chenu forment une masse noire sur laquelle se détache en blanc le fin clocher de la basilique : une épée dressée vers le ciel. Le bois Chenu ! Jeannette y dansait les rondes bruyantes autour de l'arbre aux fées, Jeannette suspendait des guirlandes de fleurs aux vieux rameaux. Puis plus tard elle s'isolait, priait sous les grands chênes. Dans les prés qui montent vers le bois, la Meuse débordée forme des étangs, des îlots. On devine la rivière toute proche au bruit des cascades. Un tintement de clochettes... ce sont des troupeaux qui vont au pâturage. Jeanne les conduisait ainsi avant l'aube... ses petits pieds dans ses sabots.

Le jour vient. Nous traversons le pont de la Meuse, laissant à droite, blotti sous les montagnes, le petit village de Maxey. Domremy était Armagnac, Maxey Bourguignon et l'on se battait à coups de pierres entre gars de Maxey et gars de Domremy sur le pont de la Meuse. L'inimitié dure toujours et on vide encore des querelles sur le pont.

Voici l'église de Jeanne, très basse, dominée par une petite tour carrée ; à trois pas, sur la gauche, c'est la maison de la Pucelle. Nous entrons dans l'église, émus. Des faisceaux de drapeaux tricolores pavoisent l'autel et les murailles. La lampe du sanctuaire éclaire d'une pâle lueur rouge les voûtes surbaissées. Nous sommes seuls dans l'absolu silence ; par intervalles, le grondement du canon de Saint-Mihiel vient à nous par-dessus les sommets du bois Chenu, les collines de Notre-Dame de Bermont.

Je célèbre la sainte messe à l'autel de la Bienheureuse. Une pensée délicate l'a érigé dans le transept de droite, à la place de l'autel de la Sainte

Vierge où Jeanne tous les jours priait longuement. La statue de la Pucelle n'est pas un chef-d'œuvre d'art, elle est mieux que cela : un chef-d'œuvre de piété. Elle est là, debout, vigoureuse et simple comme une fille des champs, vêtue d'une robe de futaine bleue, la quenouille sous le bras gauche, les mains jointes, la tête couverte du capulet de laine, les yeux au ciel. C'est Jeanne priant pendant son travail, prêtant l'oreille aux voix d'en haut : « Va, fille de Dieu, va. » Et l'on devine à son regard, à son profil d'énergie, la vaillance surnaturelle qui va muer la fille de Lorraine en rédemptrice. Comme je la sens proche de nous, tandis que le canon scande les prières latines, que l'envahisseur est là si proche, que le sang français coule sur la terre lorraine, que là, tout près, dans l'école des Sœurs, confisquée et transformée en hôpital, gémissent des blessés français. La grande pitié dont nous souffrons ressemble tant à la grande pitié qu'elle vit ! Elle pleurait, gémissait devant cet autel sur les luttes fratricides qui épuisaient la nation... Ces luttes, elle les a revues, elles durent encore... Elle pleurait en voyant les villages en flammes, les moissons piétinées sous les pieds des chevaux... Par delà les collines de Domremy, elle peut voir encore la fumée des incendies. Elle pleurait devant les lamentables cortèges de fuyards s'évadant des campagnes ; hier encore, elle les a revus les proscrits de l'invasion, elle a entendu les gémissements des mères, les appels des enfants, la plainte des vieillards, comme autrefois quand ils passaient par la route du Moulin... « Va, fille de Dieu, va en France, il le faut », disaient les voix. Et maintenant aussi, c'est ton heure de venir, de reprendre ton clair étendard, de bouter hors de France l'ennemi qui la piétine, de soutenir « de tes épaules la France croûlante », de lui rendre son âme et son sol.

7 heures. — Les cloches ont sonné la messe paroissiale ; comme jadis, deux cierges se sont allumés ; dans l'obscurité du chœur, un enfant en sabots, blond, ébouriffé, bredouillant, a comme jadis agité sa sonnette. La messe commence. Dans la nef, clairsemées parmi les bancs, quelques femmes, une dizaine de jeunes filles, trois religieuses à cornettes blanches. On entend des bruits de sabots, des chapelets qui s'égrènent ; une jeune fille est à genoux, la tête dans ses mains, en capulet blanc, devant l'autel de Jeanne. Voici la communion : une fillette de dix ans s'approche de la Sainte Table, elle est seule. Elle revient souriante, lumineuse, les mains jointes... Jeanne devait communier ainsi. Le chanoine Pierre Compaing assure qu'elle versait d'abondantes larmes au moment de l'élévation, et le duc d'Alençon, que souvent elle pleurait à grosses larmes, quand, au moment de communier, ses yeux se portaient sur la sainte Hostie. Fréquemment, pendant ses voyages, elle disait à ses compagnons : « Si nous pouvions ouïr la messe, ce serait bien ! » Gérard Machet, recteur de l'Université de Paris, confesseur de Charles VII, remarque son maintien angélique lorsqu'elle s'approche de la Sainte Table, et, comme le recteur de Domremy, il assure que Jeanne reçoit son Dieu plus que souvent. Avant de donner le signal du combat, elle fait célébrer le Saint Sacrifice et y communie. Le 15 août 1429, pendant la messe dite en plein air devant les troupes royales, le duc d'Alençon, le comte de Clermont, plusieurs chevaliers et soldats accompagnent la Pucelle à la Table Sainte. Au cours de sa captivité, Jeanne passe les mains liées, entre deux hommes d'armes, devant une chapelle. Elle demande à l'huissier Massieu si le Saint Sacrement se trouve là. Sur sa réponse affirmative, elle implore l'autorisation de s'arrêter à la porte pour prier. Massieu ordonne aux gardes d'attendre quelques instants ; Jeanne s'agenouille, se plonge dans une adoration profonde, pleine de larmes et reprend son chemin vers la salle des Parlements.

Enfin, voici venir l'heure de la dernière communion. Jeanne verse des larmes en voyant venir dans a prison l'hostie dont on l'a si longtemps privée, elle élève la voix, parle naïvement à Celui qui vient. A la porte du cachot, les gardes entendent, s'émeuvent et pleurent. Jeanne était bonne et simple chrétienne ; d'instinct elle avait fait du centre de la vie chrétienne le *centre de sa vie*.

La messe finie, M. le curé nous fait visiter l'église. Le porche actuel occupe la place de l'ancien chœur. Voici, tout près de la porte, deux ferrures encastrées dans la pierre des premières colonnes, elles soutenaient, au temps de Jeanne, la table de communion. C'est donc là, sur ces dalles, entre ces deux bancs de bois, qu'elle se mit à genoux ; que, pour la première fois, elle s'inclina, ouvrit son âme, en un grand élan, à Celui qui allait y préparer l'œuvre de notre délivrance.

Voici le bénitier de pierre où elle mouilla ses doigts, la cuve de granit où elle fut baptisée, la statue de Sainte-Marguerite devant laquelle elle pria.

Nous sortons, traversons la petite rue pour entrer dans le jardin où la voix se fit entendre pour la première fois : « Il y a grande pitié au Royaume de France ! » Le jardin a pris sa parure d'hiver. Sous les hauts sapins, les massifs de houx, les lierres grimpants ont leurs baies rouges et noires. C'est là, devant cette maison sans étage, à deux pas de l'église, qu'elle répondait en larmes à saint Michel : « Je suis une pauvre fille, je ne connais ni A ni B, et je ne sais ni monter à cheval, ni faire la guerre. » En vérité, cette terre est une terre sainte. La maison, au toit incliné, verdi de mousses, comprend quatre salles de plain-pied et un grenier. En arrière de la cuisine, à la haute et large cheminée, une chambrette pavée de dalles, humide et obscure, ne prenant jour que par une étroite lucarne vers l'église. C'est la chambre de Jeanne. Par la lucarne, elle pouvait, dit-elle elle-même, apercevoir la lampe du sanctuaire. Dans le mur, un petit réduit d'un mètre carré. Ce fut, sans doute, l'humble armoire de Jeanne. Le pèlerinage est terminé. Nous faisons un détour pour rejoindre la gare de Maxey. Cela nous permet de visiter, sur les coteaux de Greux, les ruines de l'ancienne église. La chapelle de Notre Dame de Bermont, où Jeanne allait prier tous les samedis, est là-haut sur l'autre versant, parmi les pins, les chênes et les noisetiers. En gravissant la colline, Jeanne s'arrêtait toujours pour prier dans l'église. Les pierres qui la virent dorment sous le gazon.

Il faut s'arracher; vers l'horizon très bas, chargé de nuages, on entend toujours le canon. D'elles-mêmes, les mains se joignent, se tendent vers la libératrice. Quand donc la verrons-nous à nouveau « armée de plain harnois, à estendard desployé » faire sonner de son pas victorieux les marches de Lorraine?

Soulaincourt (Haute-Marne).

1er *janvier* 1915. — La roulotte se repose. Un prêtre a reçu une chapelle portative. Nous l'installons dans le fourgon de tête. Quatre draps cloués sur la paroi du fond, deux grandes branches de cèdre dressées dans les coins et formant arceau autour du grand christ d'un calendrier de la Bonne Presse, un petit bouquet de mimosa piqué dans les draps... voilà notre autel paré. Deux caisses, une table, c'est l'autel. A la porte du fourgon, un quart pendu à un clou sert de bénitier. Nous passons devant les wagons, une clochette à la main. Les officiers, les soldats arrivent recueillis et fiers. C'est leur maison roulante qui va être consacrée par le passage du Seigneur.

Un prêtre-soldat monte à l'autel, un autre lui sert la messe. « Nous allons dire une dizaine de chapelet pour que l'année qui commence soit bonne, bénie de Dieu. Qu'il bénisse notre train, nos soldats, nos blessés, nos familles, l'Église. »

Tous les soldats répondent à voix basse aux *Ave* que je récite. Leur famille... ils revoient par la pensée la lointaine petite patrie, le toit rouge dressé parmi les vignes et les blés, et ce wagon prochain devenu pour des mois, pour une année peut-être, leur mouvante demeure, demeure de larmes, de souffrances, d'angoisses. Elle sera plus douce, maintenant qu'elle a été visitée par Celui qui vient guérir toute infirmité, appeler tous ceux qui ont travaillé, tous ceux dont les épaules sont chargées.

DEUXIÈME PARTIE
1915

I

Les Docteurs de la Sainte Pauvreté

Pontanevaux (Saône-et-Loire).

14 janvier 1915. — Le train se repose un peu, après cinq mois de courses. On l'a garé loin du canon, au bord de la Saône, en face du mont Blanc. Il attendra là l'heure de l'offensive générale.

Je suis chargé, en compagnie d'un officier et de quelques aimables infirmiers, parmi lesquels deux pasteurs protestants[1], de veiller sur le matériel.

La Providence, qui dirige tout, a voulu, peut-être, cette halte pour me permettre d'étudier de près, à cette heure où les hauts exemples émeuvent davantage, le sillage lumineux de deux grands saints : saint Vincent de Paul et le curé d'Ars.

Châtillon et Ars sont là, tout près.

Vers Ars.

Lundi 18 janvier. — *6 heures.* — En face de la

---

1. Un pasteur en exercice, et un pasteur démissionnaire.

roulotte, la Saône débordée envahit la plaine, charriant des troncs d'arbres. Tout au fond de l'horizon, le soleil se lève, en un ruissellement de pourpre et d'or, au-dessus du mont Blanc. Le roi des Alpes se dresse noir, à pic, avec des allures de citadelle crénelée, flanquée de bastions, sur un fond plein de flammes. Dans une heure, quand le soleil aura tourné, le colosse resplendira de la blancheur de toutes ses neiges.

L'auto de notre ami Henri est sous pression. Le vicaire de la Chapelle s'assied à côté de moi à l'intérieur ; en face, sur les strapontins, les deux pasteurs protestants. L'officier a voulu prendre place à côté du chauffeur.

Nous suivons la vallée de la Saône. A droite, les collines du Beaujolais plantées de vignes, couvertes de neige. Belleville, on traverse la Saône...

Nous voilà en pleine Bresse. Une plaine inondée, coupée de canaux et de marais, des maisons jaunes aux murs de pisé. D'immenses vols de corbeaux mettent un voile noir sur les champs où le jeune blé pousse. Le ciel se couvre. Les monts du Beaujolais ont pris la teinte pâle des jours d'hiver, sous l'horizon très bas. « Voyez, dit le pasteur D..., comme les sommets se fondent dans le ciel. On dirait la terre voulant de ses mains saisir le ciel. »

L'auto roule sans bruit sur la neige.

Voici la *Dombe*. Le ciel s'abaisse encore vers le

plateau coupé de petits champs bordés de haies. « Je n'ai rien à faire ici, s'écrie le curé d'Ars, au milieu de *cet air mou* de la *Dombe*, j'ai peur de me damner. » Et c'est bien la mollesse, le manque de relief et d'élan que respire cette terre, tiède jusqu'au cœur de l'hiver. Et pourtant il a suffi d'un saint pour redresser les âmes, leur communiquer un peu de sa flamme.

Montmerle, petit village blotti comme un nid parmi les buis, autour de la vieille église. Le curé d'Ars passa par là, comme il passa à Saint-Trivier, à Savigneux, pour prêcher la « Mission ». Je lui demande très humblement pour tous les Missionnaires de France, pour moi, la grâce du parler qui trouve le chemin des âmes. « Pourquoi prêches-tu si *simplement*, lui demande un jour le démon par la bouche d'une possédée, tu passes pour un ignorant. Pourquoi ne prêches-tu pas en *grand*, comme dans les villes ? Oh ! je me plais à ces *grands* sermons qui ne gênent personne, qui laissent les gens vivre à leur mode et faire ce qu'ils veulent ! A tes catéchismes, il y en a quelques-uns qui dorment, mais il y en a d'autres à qui ton langage *simple* va jusqu'au cœur. » Oui, quand les jours de sang seront passés, il faudra réparer les brèches de la cité ; qu'il donne à ceux qui survivront le secret du « langage simple » qui va « jusqu'au cœur ». « Quelle ignorance religieuse ! » s'écriait la Sœur supérieure de l'hospice de Clermont. Oui, six mois d'expérience, de contact avec toute notre héroïque jeunesse de France m'ont révélé, à moi aussi, à côté d'un immense effort de la foi nationale qui veut revivre, renouer les traditions perdues, l'abîme qu'il faudra combler, sous peine de voir s'évanouir le renouveau religieux suscité par la guerre, l'abîme de l'ignorance.

Ars-en-Dombe.

Une couronne d'une centaine de foyers ramassés autour d'une église qui domine et bénit. Et tout de suite, dans ce silence d'un jour d'hiver, parmi les lacets déserts de la petite rue qui descend, l'âme se sent saisie, plongée dans une atmosphère d'apaisement et de prière.

Au passage, nous saluons la statue de sainte *Philomène*, la petite sainte qui jouait de vilains tours au bon curé. « Pourquoi ne faites-vous pas de miracles quand les malades sont rentrés chez eux ? Ils disent que c'est moi. » La sainte resta incorrigible.

Je monte à l'église pour dire la messe. Mon ami Henri, qui a tous les talents et toutes les amabilités, me la servira. Il est huit heures. Un soleil très pâle, précurseur de la neige, baigne l'ancienne église, celle qui vit le saint. Elle est là, toute petite, toute menue, en sa pauvre robe de briques mal crépies, couverte de toiles noircies. La vieille église sert de nef à la basilique dont la haute rotonde écrase l'humble reliquaire.

Le sacristain me prépare l'autel du Bienheureux. Le corps est là, vêtu d'une soutane, d'un surplis, étendu, au-dessus de l'autel, dans une châsse de cristal et de bronze doré. La tête est recouverte d'un moulage de cire. C'est bien le saint, tel qu'il s'endormit, le 4 août 1859, avec ce visage émacié, transparent, rayonnant d'une lumière intérieure. Le sacristain me raconte l'exhumation de 1905. Le corps du Bienheureux reposait dans la nef de sa petite église, en face de la chaire, sous cette dalle noire marquée d'un calice que domine une hostie. « Je reçus le corps dans mes bras... Après quarante-six ans il restait parfaitement conservé, souple, les mains étaient lisses, les yeux clairs et brillants comme ceux d'un vivant, les articulations libres. Je lui passai sa soutane, son surplis, sans aucune difficulté, les bras obéissaient comme ceux d'un homme en vie. » C'était déjà la glorification du pauvre *cadavre*. « Le matin, disait le saint, je suis obligé de me donner deux ou trois coups de discipline pour faire marcher mon *cadavre*. »

Et c'est devant ce corps glorifié que je vais dire la Sainte Messe. Par une attention délicate, on m'a donné le calice du Bienheureux. Je le prends en tremblant. Sur l'autel de marbre blanc, une inscription en lettres d'or : *Erat enim sacerdos Dei Altissimi* : « C'était *un prêtre* de Dieu. » Et c'est la pensée qui revient de *l'Introït* à l'oraison finale de la Messe du Bienheureux. *Un prêtre*, c'est-à-dire « un homme qui répudie toute gloire, sauf celle de Notre Seigneur Jésus-Christ par qui le monde a été crucifié en nous et nous au monde[1] ». Un prêtre, c'est-à-dire l'homme livré tout entier « au zèle des âmes, à l'amour constant de la prière et de la pénitence[2] ». Un prêtre, c'est-à-dire l'homme « sentinelle de la maison d'Israël... celui qui répète : je ne veux pas la mort du pécheur, mais sa conversion et sa vie. Convertissez-vous, revenez de voies mauvaises[3] ». Un prêtre, c'est-à-dire celui « qui s'est levé et dont la parole a brûlé comme une flamme ardente[4] ». Un prêtre, c'est-à-dire celui « qui paît ses brebis, qui va chercher ce qui aurait péri, qui relève ce qui était tombé, qui bande les blessures, qui fortifie les faiblesses[5] ». Un prêtre, celui « qui a été envoyé pour évangéliser les pauvres, guérir les cœurs brisés, et qui s'est fait tout à tous pour les sauver tous[6] ». Un prêtre, l'homme que le Christ appelle « à la vue des foules fatiguées, gisant à terre,

1. Introït.
2. Oraison.
3. Epître.
4. Graduel.
5. Trait.
6. Temps Pascal.

comme des brebis sans pasteur, avec ce grand cri : la moisson est abondante, mais rares les ouvriers. Priez donc le maître de la moisson d'envoyer des ouvriers dans sa moisson [1] ». Un prêtre, l'homme « qui se réjouit dans ses souffrances, qui complète dans sa chair ce qui manque à la Passion du Christ, pour le corps du Christ qui est l'Église et dont il est le Ministre [2] ». Un prêtre, l'homme « qui par la chasteté du corps, la pureté du cœur, mérite de s'approcher chaque jour du grand mystère [3] ». Un prêtre, « celui vers qui viendra la multitude de ceux qui languissent, de ceux que tourmentent les esprits impurs et de qui sortira une vertu qui les guérit tous [4] ! » Un prêtre enfin, c'est-à-dire l'homme qui puise, dans « la vertu du Pain quotidien, la force de supporter sans faiblir toute adversité [5] ».

Ah! comme il a été ce prêtre! Le pape Pie X l'a donné pour patron à tous les prêtres de France, qu'il nous aide à réaliser son modèle.

Voici la consécration. Le sang du Christ est descendu dans le calice d'or, où le saint porta ses lèvres. Il y puisa la flamme de son sacerdoce, l'intuition des mystères les plus inaccessibles. « Il y a des prêtres, disait-il, *qui voient Notre Seigneur tous les*

---

1. Évangile.
2. Offertoire.
3. Secrète.
4. Communion.
5. Postcommunion.

jours à la messe. » Et quand Notre Seigneur se voilait pour quelques jours, c'était l'angoisse de l'enfant qui ne voit plus sa mère. « Pourquoi êtes-vous triste aujourd'hui, Monsieur le Curé? demandaient les Directrices de la Providence. — Je n'ai pas vu Notre Seigneur depuis plusieurs jours. »

Ma pauvre Messe s'achève... et je le supplie de donner à tous ses frères du Sacerdoce sa foi en l'Hostie rédemptrice. « Voyez, si l'on réfléchissait..., ce prêtre, il tient Dieu pour nourrir mon âme! Ah! nous mourrions de plaisir... Mais nous n'aimons pas le Bon Dieu, non [1]. »

« Si nous pouvions concevoir un peu la grandeur du bonheur de la communion, nous ne pourrions désirer la vie qu'autant que nous aurions le bonheur de faire de Jésus-Christ notre *pain de chaque jour* [2]. »

« Ne dites pas que vous êtes pécheurs, que vous avez trop de misères... J'aimerais autant vous entendre dire que vous êtes trop malades, et que c'est pour cela que vous ne voulez point faire de remède, que vous ne voulez point appeler de médecin [3]. »

La Messe est terminée. Mes deux compagnons protestants nous rejoignent pour visiter l'église.

Voici la *sacristie*, obscure, humide, quelques

---

1. Catéch.
2. *Sermons*, II, 253.
3. Esprit.

pieds carrés. Dans un coin, près de la crédence vermoulue où le saint écrivait ses sermons, un confessionnal rongé par les vers, protégé par un grillage.

C'est là que, sur une inspiration subite, il appelait une âme en désarroi devinée dans la foule. Ils venaient les pauvres pécheurs, parfois, après quelque résistance, s'agenouiller là, sur cette escabelle de bois. Quand l'aveu commencé s'arrêtait, un mot descellait les lèvres :

« Mon enfant, vous ne m'avez pas tout dit. — Mais si... — Non, rappelez-vous... vous avez oublié telle et telle faute. »

Parfois, la lutte était plus difficile. C'était un monsieur, un intellectuel.

« Je ne viens pas me confesser, je viens *raisonner*.

— Oh! mon ami... je ne sais pas raisonner... Mettez-vous là... »

Et il indiquait du doigt l'escabelle du confessionnal.

« Mais, Monsieur..., je n'ai pas la foi. — Que je vous plains! Je me croyais bien ignorant, mais vous l'êtes encore plus que moi, puisque vous ignorez les premières choses qu'il faut savoir. Vous n'avez pas la foi?... Eh bien! tenez, c'est une raison pour moi de vous tourmenter... Mettez-vous là... Quand vous serez confessé, vous croirez. — Mais c'est une comédie. — Mettez-vous là, vous dis-je. »

Le soir, lorsque M. Vianney, brisé par dix-huit heures de confessionnal, traversa la ruelle qui mène de l'église au presbytère, un monsieur se jeta à ses pieds en pleurant et en implorant une bénédiction. Il croyait.

Tout près de la sacristie, voici la petite *stalle* d'où le saint faisait ses catéchismes, debout, appuyé au pupitre. En face, la *chaire* de bois peint, à l'escalier étroit. Et c'est là qu'il parlait, qu'il pleurait. Là qu'il prononçait « ces paroles entrecoupées qui faisaient fondre en larmes... », me dira, tout à l'heure, une de celles qui l'entendirent[1]. « A la fin de sa vie, ajoutait-elle, c'était toujours l'amour de Dieu qui revenait. On ne l'entendait plus très bien, on devinait... Quand il disait : « L'amour du Bon Dieu, ai-
« mer le Bon Dieu », il frémissait tout entier, on pleurait de le voir. » Je relis quelques-uns de ces cris d'amour : « O Jésus ! Vous connaître, c'est vous aimer !... Si nous savions comme Notre Seigneur nous aime, nous mourrions de plaisir... C'est si beau la charité !... Le seul bonheur que nous ayons sur la terre, c'est d'aimer Dieu et de savoir que Dieu nous aime...

« Pauvres pécheurs ! quand je pense qu'il y en a qui mourront sans avoir goûté seulement pendant une heure le bonheur d'aimer Dieu[2] ! »

1. Mlle Thèbre.
2. A. Monnin.

« Voyez, chez les protestants, comme tout est triste et froid ! C'est un long hiver. Chez nous, tout est gai, joyeux et consolant[1]. »

Nous parcourons les cinq *chapelles* construites par le saint. A gauche, la chapelle des *Saints-Anges*. Vitraux, inscriptions, statues rappellent des épisodes de la vie du saint. Les démons chassés de la pauvre chambre où ils troublent ses courtes *nuits*, par saint Michel et l'Ange de la paroisse. « Je suis saint Michel. — Et moi, je suis l'Ange gardien de cette paroisse et je prie pour elle. »

La chapelle de *Sainte-Philomène*, encombrée de béquilles, d'ex-voto. La relique de la sainte est renfermée dans l'effigie en cire, enchâssée au-dessus de l'autel. « Prenez cette relique, avait dit au saint curé Mlle Jaricot, fondatrice de la Propagation de la Foi, elle fera des miracles. » Elle les multiplia, à la joie et à la confusion du Bienheureux : « Sainte Philomène aurait bien pu guérir ce petit chez lui », proteste-t-il un jour devant les effusions d'une pauvre mère dont il a guéri le petit.

Chapelle de *Saint-Jean-Baptiste*. C'est ici le Saint des Saints. « Si on savait ce qui s'est passé dans cette chapelle, disait M. Vianney, on n'oserait pas y mettre les pieds. » Il faisait sans doute allusion aux manifestations eucharistiques dont furent marquées ses dernières années. C'est là en effet que se

1. A. Monnin.

trouve l'autel de marbre blanc au tabernacle de cuivre doré, où il célébrait tous les jours. En face de l'autel, le *confessionnal* où se multipliaient les merveilles de conversion. « C'est là qu'il me confessa à l'époque de ma première communion, me dira un des témoins [1]; c'est là que j'entendis des paroles que je n'oublierai jamais. » Oui c'était là le grand hôpital des âmes où un seul s'oubliait : le médecin. « Je suis parfois obligé de tâter mes jambes pour voir si elles existent toujours ! » avouait-il. C'est dans cette même chapelle qu'il exorcise les possédés. « Ah ! que tu me fais souffrir ! s'écrie le démon par la bouche d'un possédé. S'il y en avait trois comme toi sur la terre, mon royaume serait détruit. »

A droite, en face de la chapelle de Saint-Jean-Baptiste, la *chapelle de la Sainte Vierge*, où M. Vianney célébrait la messe tous les samedis pour remercier Dieu d'avoir créé sa mère Immaculée. Au coin de la statue dorée est suspendu un cœur en vermeil où sont inscrits, sur un ruban de soie, les noms de toutes les familles d'Ars. Le saint curé les consacrait ainsi à l'Immaculée le 1er mai 1836. Un grand tableau rappelle cette consécration. « Avec la Sainte Vierge, nous nous connaissons bien », disait le saint à Catherine Lassagne... Oui ils se connaissaient. « Un jour, racontait la Supérieure de la

1. Mlle Thèbre.

Providence, comme j'arrivais au sommet de l'escalier du presbytère, j'entendis la voix d'une femme qui disait au saint : « Que voulez-vous que je de-
« mande à *mon Fils ?* » « La conversion des pé-
cheurs », répondit-il... J'entrai et je vis une dame vêtue d'une robe blanche, avec une couronne sur la tête. « Si vous dites ce que vous avez vu vous ne
« mettrez plus les pieds ici... », conclut le curé.

Du même côté, un peu plus bas, la chapelle de l'*Ecce homo*. C'est là, au milieu des instruments de la Passion, en face du Christ couronné d'épines et de la Vierge des douleurs, que le curé envoyait ses pénitents pour les exciter à la contrition... Mais il faut s'arracher au monde de pensées que ce grand reliquaire fait naître. Mes deux pasteurs sont là silencieux, émus.

Une dernière prière près de la châsse. Des décorations, des médailles militaires, des cordons de la Légion d'honneur sont suspendus devant le saint corps. Je relis quelques-unes des inscriptions qui couvrent les murs : « Laissez une paroisse vingt ans sans prêtre, on y adorera les bêtes. » Nous sortons pour déjeuner. Une pancarte, affichée à la porte, rappelle que tous les soirs des prières publiques sont faites pour nos armées. Que le saint curé nous bénisse, qu'il hâte la victoire. Sur le seuil, nous croisons le curé d'Ars, M. le chanoine Convert, l'historien du Bienheureux. Je lui pose une question : « Que faut-il penser des prophéties du saint relatives à la guerre actuelle ? » Il sourit. « Plusieurs sont controuvées, ceci paraît certain. Le curé d'Ars avait annoncé les désastres de 1870. Il a annoncé à un frère Lazariste que les Allemands reviendraient, s'avanceraient jusqu'au centre du pays et se retireraient, perdant ce qu'ils avaient antérieurement acquis et un peu plus... »

Notre hôtesse ajoute quelques détails sur la vie de la paroisse, depuis le début de la guerre. « Tous nos hommes sont partis. Il en reste quinze, monsieur le curé compris. Tous nos missionnaires sont partis. Tous nos soldats ont été blessés, mais nous n'avons pas un seul mort. Le saint nous protège. Mais aussi on le prie tant ! Vous avez vu les cierges qui brûlent devant la châsse. Pas un de nos enfants n'est parti sans emporter une relique du Bienheureux. Le 28 juillet, à la veille de la mobilisation, Ars était plein d'Allemands venus ici en pèlerinage. Ils sont partis, rappelés par télégramme. « Au revoir, nous ont-ils dit, en partant, au revoir, « à la frontière. »

« Ils triomphaient, mon mari serrait les poings... » Le petit déjeûner fini, nous allons visiter le *presbytère* du saint, une masure d'un étage, en pisé mal crépi, à quatre pas de l'église. Nous traversons la ruelle où les foules attendaient le curé, vers midi, à l'heure où il s'arrachait au confessionnal pour prendre son maigre repas. « C'était affreux, le monde qu'il y avait, me dira un témoin [1] ; on s'écrasait pour le voir, lui dire un mot »... « et lui couper des morceaux d'habits, ajoute un autre témoin [2] ; moi en voyant ça je pleurais, j'avais peur, je disais à maman : pourquoi ils le *battent* tous ? »

Dans la petite cour du presbytère, un vieux sureau se penche vers le seuil, érige ses branches, et au printemps ses fleurs jusqu'à la fenêtre. Le sureau est bien malade, malgré le treillis de fer qui enveloppe son vieux tronc : l'avidité des visiteurs l'a mis à nu, taillé, dépecé. Au-dessus du sureau, la sonnette rouillée qu'on agitait pour appeler le saint auprès de ses malades.

Nous entrons ; à droite *la cuisine* humide, basse, où le corps du Bienheureux fut déposé après sa mort. « Ce fut là que dès l'aube, pendant deux jours et deux nuits, sans fin ni relâche, une foule incessamment renouvelée accourut de tous les points de la France, à mesure que la fatale nouvelle y pénétrait. Deux Frères de la Sainte-Famille se tenaient auprès du lit de parade, protégé par une forte barrière, et leurs bras se lassaient de présenter à ces mains habituées à bénir les objets qu'on voulait leur faire toucher. Le serviteur de Dieu semblait

---

1. M. F. Crozier, tailleur.
2. Mme Bonenfant.

dormir. Les traits avaient leur expression habituelle de douceur, de calme et de bonté ; on eût dit qu'ils subissaient peu à peu une transformation lumineuse [1]. »

Voici le lit de bois blanc en partie brûlé par le démon, un jour où le Bienheureux lui avait volé plusieurs âmes. A côté, les cercueils de bois et de zinc où le curé reposa avant l'exhumation. Sur la cheminée la corbeille où il recueillait le pain reçu des pauvres, en échange du sien. La poêle aux « mâtefaim » où il faisait cuire les trois lourdes crêpes qui « mâtaient » sa faim pour vingt-quatre heures ; à côté, la marmite aux pommes de terre où il gardait quelques douzaines de tubercules moisis.

« Un jour, me racontera un témoin, le tailleur Crozier, le saint passe devant une maison où on vient de faire cuire une marmite de pommes de terre pour les cochons. « Elles sont bien belles, dit le curé en les regardant d'un œil d'envie. Vous ne voudriez pas m'en donner une ? — Non, pas une, mais toutes, Monsieur le Curé. — Une seule me suffira… » Il la prend, l'épluche lentement, l'approche de sa bouche… puis, avec un sourire : « C'est trop bon pour moi, cela. » Et il remet la pomme de terre tentatrice dans la marmite.

Nous montons les marches usées. A l'angle, se

---

1. A. Monnin.

trouvait la statuette de la Sainte Vierge que le malin furieux venait salir régulièrement avant d'entrer dans la chambre.

Et voici *la chambre à coucher*, le lit où il mourut. Un réduit de Père du désert, resté tel qu'il était au jour de la mort, le jeudi 4 août 1859.

« Je crois que c'est ma pauvre fin... », avait-il dit à un des missionnaires. Il avait parlé d'écrire un livre sur les *délices de la mort*. « Un bon chrétien, disait-il, ne doit pas pouvoir se souffrir en ce monde; il languit sur la terre... Saint Augustin dit que celui qui craint la mort n'aime pas Dieu ; c'est bien vrai. Si vous étiez séparé de votre père, depuis longtemps, ne seriez-vous pas heureux de le revoir [1] ? »

Comme il est bon, en cette heure de perpétuelles hécatombes, où une vie humaine n'a guère plus d'importance qu'une « cerise mûre au temps des fruits », où la mort fauche à plein champ, où des centaines et des miliers d'existences n'ont pas plus de consistance qu'un nuage d'été qu'emporte le vent, comme il est bon de relire ces lignes, devant le lit de mort d'un saint.

Le lit est au fond, à droite, une couchette étroite, en bois de sapin, très basse, presque au ras d'un pavé de briques en ruines. Une paillasse d'un doigt

---

1. Monnin, *Esprit du curé d'Ars.*

d'épaisseur, étendue sur une planche, une couverture à fleurs bleues passées, des draps de grosse toile où on voit des taches de sang. Un traversin bourré de paille. Toute la richesse d'un lit de soldat. Dans ce lit, quand il ne jugeait pas meilleur de s'étendre sur les briques nues pour obtenir une conversion difficile, il passait quotidiennement deux heures d'angoisse, en proie aux vexations du démon, aux souffrances de la fièvre et d'une toux continuelle. « Une heure de bon sommeil, soupirait-il, suffirait pour me faire *galoper comme un bon cheval.* » Cette heure, il ne l'avait pas.

Et je songe à nos enfants, à ceux de l'Argonne qui m'arrivaient hier les yeux pleins d'insomnie, je songe à leur lit de boue et d'argile au fond des tranchées. Que le bon Curé leur apprenne à accueillir leurs souffrances avec paix pour la rédemption de la patrie !

A minuit, au plus tard à deux heures, le saint était debout, « si faible et si abattu qu'il ne pouvait se tenir debout. Il lui est arrivé de tomber plusieurs fois en allant de sa chambre à l'église [1] ». Pour se donner du cœur, il prenait en main sa discipline de fer. « Ça réveille les fibres, disait-il. N'avez-vous pas vu des meneurs d'ours ? Vous savez comme ils apprivoisent ces méchantes bêtes en leur donnant

---

1. Monnin, *Vie.*

de grands coups de bâton. C'est ainsi qu'on dompte son corps[1]. » Quand la discipline était usée, il commandait une grosse chaîne au maréchal-ferrant[2].

« Qu'elle soit bien solide, disait-il, c'est pour attacher une bête. » La discipline est là, plusieurs mailles de fer brisées. Voici le cilice de grosse toile traversé de clous, qu'il mettait sur ses épaules, la ceinture de fer aux pointes acérées dont il entourait ses reins.

Au-dessus du lit, un baldaquin d'où tombent des rideaux de serge grise à raies bleues, déchirés par le « grappin ». J'ai questionné deux excellentes demoiselles[3] dont le père, un industriel de Lyon, fut un des « gardiens » du presbytère. Son rôle était double ; frayer un passage au saint dans son trajet du presbytère à l'église, l'empêcher d'être écrasé par la foule, monter la garde dans l'escalier à l'heure où le « grappin » venait se venger sur le pauvre curé des conquêtes qu'il appréhendait. Voici le pot à eau en faïence bleue, à l'anse cassée, où le visiteur nocturne aimait à battre la générale, la petite table, les cinq chaises dépenaillées qu'il traînait en parlant une langue inconnue. Le curé, qui avait vu lui aussi l'invasion, comparait ce

1. Monnin.
2. Crozier.
3. Les demoiselles Thèbre.

tumulte au bruit d'une armée d'*Autrichiens* en marche ; il avait parfois une expression encore plus piquante : « Les Diables ont aujourd'hui tenu le *Parlement*. »

A droite, la petite bibliothèque, quelques vieux livres, la collection des *Saints* de Ribadeneira, que le curé aimait à citer dans ses sermons. Quelques calendriers. Tout au fond, suspendues aux murs, des gravures : saint François Régis, le missionnaire jésuite, dont il visita le tombeau à Lalouvesc, après un dur pèlerinage fait à pied, en mendiant, pour obtenir du saint la grâce du sacerdoce ; saint Vincent de Paul, qui avait exercé le ministère pastoral à quelques lieues de là, à Châtillon-les-Dombes ; sainte Marie-Madeleine, le curé d'Ars l'invoquait avant de purifier les pécheresses qui affluaient à son confessionnal ; sainte Philomène, saint François d'Assise dont il portait la livrée en qualité de tertiaire. Sur la cheminée où dort un peu de cendres, à côté d'un soufflet ébréché, la lanterne de fer, aux vitres fendues, que le saint allumait dès minuit pour gagner son église... Et voilà le palais de « Dame Pauvreté », le palais de misère que les générations viendront pieusement visiter, dont elles baiseront le seuil et la poussière. Je regarde mes deux pasteurs ; ils sont émus par ce rayonnement de pauvreté, de surhumain détachement. « Il y a là un mystère difficile à réaliser, dit D... A quels mobiles pouvait donc obéir cet homme pour s'ensevelir volontairement dans cette vie de pénurie et de souffrance ? » Je regarde le Christ en croix qui pend sur l'étagère, lui aussi s'est volontairement enseveli dans cette vie de « pénurie et de souffrance ». L'Évangile pourrait leur donner la clé du mystère, cet Évangile où toute vérité est contenue, d'après Luther : « Celui qui ne hait pas son corps n'est pas digne de moi. — Si le grain de froment tombant dans la terre ne meurt pas, il reste seul. — N'a-t-il pas fallu que le Christ souffrît tout cela pour entrer dans sa gloire ? — Je vous ai donné l'exemple afin que comme j'ai fait vous fassiez. » Le curé a suivi l'*exemple*, voilà la clé du mystère.

D... continue : « Pourquoi n'avoir pas gardé partout, comme ici, le cachet d'extraordinaire simplicité qui fait le principal charme de cette vie ? Pourquoi, à côté du pur bijou qu'est l'ancienne église d'Ars, avoir dressé ce dôme prétentieux, à l'architecture compliquée, et qui jure avec cet ensemble d'émouvante pauvreté ? »

Puis, après un silence, il continue :

« Il n'y a que les saints. Il n'y a qu'eux à nous intéresser, à nous toucher jusqu'à l'intime de l'âme. Ils sont la pure fleur de l'humanité...

« A Paris, tandis que je faisais mes études de théologie, M. N..., un de nos professeurs, pasteur fort distingué, nous avait donné le goût des Vies de saints. On lisait beaucoup la collection Lecoffre. De temps en temps, notre professeur nous mettait un de ces volumes entre les mains : « Tenez, lisez-moi ça, c'est excellent, vous nous en rendrez compte, à notre prochaine réunion. » Paul Sabatier nous avait donné le culte de saint François d'Assise, de sa haute poésie... Je n'ai pas encore lu la vie du curé d'Ars, je vais acheter le volume de M. G. Vianney. Je le lirai. »

Avant de redescendre, nous visitons la chambre où le Bienheureux logeait les visiteurs de passage ; elle est maintenant garnie de reliques : une soutane de gros drap, râpée, reprisée, un grand parapluie bleu, devenu jaunâtre, une paire de souliers éculés assez semblables à nos godillots, une croix de la Légion d'honneur. Napoléon III jugea bon de l'envoyer au célèbre thaumaturge, mais elle ne fut jamais portée ; un camail de chanoine qui eut encore un plus triste sort. Quelques jours après l'avoir reçu par surprise des mains de Mgr Chalandon, évêque de Belley, le bon curé écrivait : « Monseigneur, le *camaille* (sic) que vous avez eu la grande charité de me donner m'a fait un grand plaisir : car ne pouvant achever de *completter* (sic) une fondation, je l'ai vendu 50 francs. Avec ce prix, j'ai été content. »

« J.-B. Vianney, pauvre curé d'Ars. »

Nous sortons pour aller au presbytère actuel,

admirer le chef-d'œuvre de Cabuchet. Le curé d'Ars en extase devant le Saint Sacrement. « Ah ! oui, me dira le tailleur Crozier, c'est bien lui. Il n'y a que deux statues qui le représentent bien, le moulage de cire du tombeau et le marbre de Cabuchet. Mais aussi le sculpteur était venu sur place. Pendant que M. le Curé faisait son catéchisme, M. Cabuchet moulait la maquette dans son chapeau ; un jour M. le Curé l'aperçut et lui fit l'affront devant tout le monde, il le renvoya. » Il ajoute :

« Quand il n'avait pas son surplis, il paraissait encore plus maigre que dans la statue. Il ne restait que les os, mais les yeux étaient brillants ! Quand on l'a exhumé, après plus de vingt-cinq ans de cercueil, j'ai revu ces yeux, ils étaient aussi brillants que jadis...

« Tenez, je le vois encore passer sur la place, à midi, son surplis sur le bras, toujours souriant, mais maigre, maigre... Il n'en pouvait plus, il ne pouvait plus lever les pieds.

« Quand on le voyait arriver, on quittait tous de jouer, car il aimait bien les enfants. On courait vers lui, il s'arrêtait, me tapait sur la tête : « Tu es bien sage, petit ? » Puis il nous donnait des médailles et quelquefois des sous. »

La visite du nouveau presbytère terminée, je cours visiter les témoins de la vie du saint, le brave tailleur *Crozier*, un vieillard encore rude et vert, moustache blanche, à l'impériale, un bon sourire. « Alors vous l'avez connu ? — Si je l'ai connu ! Il m'a fait faire ma première communion ; j'ai là-haut l'image. — Ah ! pourrait-on la voir ? — Mais oui. » L'image encadrée, sous vitre, représente une théorie de premiers communiants à genoux à la Sainte Table, ces mots en exergue : *Ecce panis Angelorum*. Au-dessous, les dates : « M. Ferdinand Crozier a fait sa première communion dans l'église d'Ars le 12 juin, fête de la Pentecôte 1859. »

J. Toccanier, *miss.*, *vic.*
J. Vianney, *curé*.

La signature du saint curé est d'une écriture large, accentuée. Une bonne vieille, Mme Bonenfant, ajoute quelques détails à ceux du père Crozier. La conclusion est unanime. « Ah ! oui, comme il était bon ! Les enfants étaient toujours après lui. — Comment faisait-il ses sermons ? — Tout le monde comprenait... Et puis les pauvres, il leur donnait tout. Il n'y a que pour lui qu'il ne gardait rien. Un jour, sans faire attention, il alluma le feu avec un billet de banque qu'on lui avait donné. Quand il vit ça, il fut bien triste ; il disait tout le temps : « Et mes pauvres ! mes pauvres ! » On le consola en lui donnant un autre billet. »

Puis le tailleur parle de la guerre... « Ça sera-t-il bientôt fini, croyez-vous ? »

De là, je me rends chez d'autres témoins, les demoiselles *Thèbre*. « Vous l'avez connu ? — Oh ! oui, il m'a confessée à ma première communion, chose peu facile, il y avait tant de monde ! Je me mis près du confessionnal. Quand il me vit, il sourit et me fit entrer. Il était si bon ! — Et ses sermons ? — Oh ! c'était surtout l'amour de Dieu, l'amour du Bon Dieu. C'était comme des cris qui arrachaient des larmes... J'ai gardé beaucoup de médailles qu'il nous donnait ; je vais vous en offrir une [1]. Cela consolera vos blessés. »

Nous sortons pour un pèlerinage à travers champs. Voici, en face du château d'Ars, le chemin creux noyé de boue, bordé de noyers et de pommiers, par où le saint s'enfuyait pour aller pleurer sa *pauvre vie* dans la solitude. Voici la route de Lyon ; le jeune prêtre arrivait par là le 7 février 1818. Au sommet du plateau, la route fait un coude brusque. Ars apparaît soudain, de l'autre côté de la vallée, avec ses vignes, ses petits champs de blé, ses toits de briques rouges échelonnés sur les pentes autour de l'église. Le saint voyait pour la première fois le pauvre champ inculte qu'il allait fertiliser. Comme à l'heure de la fuite, il doutait de lui. Là, sur ce

---

1. Elle ne m'a jamais quitté. C'est une pauvre médaille en laiton représentant sur une face le Sacré Cœur, sur l'autre N.-D. du Sacré-Cœur, avec les inscriptions : *N.-D. du Sacré-Cœur, priez pour nous ; Cœur Sacré de Jésus, ayez pitié de nous.*

plateau couvert de neige, balayé par le vent qui descend des montagnes du Beaujolais, il tomba à genoux, les bras levés, implorant Dieu : « Ah ! si j'avais su ce que c'est que d'être prêtre, disait-il, je me serais sauvé à la Chartreuse ou à la Trappe. »

Je parcours le chemin qu'il parcourut. La côte descend, entre deux haies d'aubépines couvertes de neige, constellées de baies rouges. Voici le petit ruisseau, le Formans, qu'il traversa. L'eau torrentueuse s'enfuit, avec un bruit de cascade, déchaussant les vieux saules, les aulnes et les vergnes. De petits poissons blancs nagent parmi les feuilles. Sur la route, poules et dindons picorent des grains égarés. Dans un clos, un vigneron taille sa vigne. Et c'est dans ce spectacle quotidien que le curé d'Ars, à l'exemple du Christ, trouva la source savoureuse des comparaisons, des paraboles qui furent sa meilleure éloquence. — « Son prêche était tout en comparaisons et tout le monde comprenait », disait mon brave tailleur. Comment n'auraient-ils pas compris ces comparaisons pleines d'une si fraîche saveur de terroir ?

« Les damnés seront enveloppés dans la colère de Dieu comme le *poisson dans l'eau.* »

« Tirez un *poisson* hors de *l'eau*, il ne vivra pas. Voilà l'homme sans Dieu. »

« La terre est un *pont* pour passer *l'eau.* »

« La miséricorde de Dieu est comme un *torrent*

débordé : elle entraîne les cœurs sur son passage. »

« Il faut, quand on prie, ouvrir son cœur à Dieu comme le *poisson* quand il voit venir la vague. »

« Le bon chrétien ne fait pas de cas des biens de la terre ; il s'en sauve comme un *rat* qui sort de l'*eau.*

« Les croix sont sur la route du ciel comme un beau *pont* de pierre sur une rivière, pour la traverser.

« Plus on prie, plus on veut prier. C'est comme un *poisson* qui nage d'abord à la surface de l'eau, qui plonge ensuite, et qui va toujours plus avant. »

Tandis que je me penche sur le vieux pont de pierre pour voir plonger les petits poissons parmi l'écume blanche, je crois apercevoir le curé d'Ars s'arrêtant lui aussi, comme saint François d'Assise, saint Bonaventure, le bienheureux Suso, pour considérer cette beauté des choses.

Considerate lilia agri... « Regardez donc les lis des champs, disait déjà le Christ, regardez les oiseaux du ciel, les passereaux qu'on vend deux pour un as. Regardez la pourpre des couchants, regardez le petit grain de sénevé, le filet du pêcheur, regardez la mère poule rassemblant ses petits sous ses ailes, regardez l'homme qui vanne les blés, jette la paille et garde le froment ; regardez l'homme qui va semer son blé le long des chemins et des haies, regardez la vigne dont on taille le sarment... » Le curé d'Ars, comme tous les saints, avait regardé.

« Quel maître avez-vous eu ? » lui demandait avec ironie un docteur en théologie. — « Le même que saint Pierre », répondait-il finement.

Oui, le Christ avait été son maître d'éloquence, comme il avait été son maître de sainteté ; il lui avait appris à voir la splendeur de Dieu réfléchie dans le miroir des créatures.

Mon pèlerinage me conduit à travers les champs de blé, les petits carrés de vigne qu'il traversait en songeant aux âmes.

« Mettez un beau *raisin* sous le pressoir; il en sortira un jus délicieux. Votre âme, sous le pressoir de la croix, produit un jus qui la nourrit et la fortifie. »

« Il sort de la prière une douceur savoureuse comme le jus qui découle d'un *raisin* bien mûr. »

« Les élus sont comme les *épis de blé* qui échappent aux moissonneurs et comme les *grappes de raisin* après la vendange. »

« Il sort d'une âme où réside le Saint-Esprit une bonne odeur comme celle de la *vigne*, quand elle est en fleur. »

Il traversa ces vignes et ces blés, il traversa ces basses-cours encombrées de tas de fumier où poules et pigeons, oies et dindons se disputent les poignées de maïs qu'une femme leur jette. Dans un coin un bébé crie. Quelques oiseaux penchés sur une ruche en paille, sur un rosier où s'épanouissent des fleurs d'arrière-saison, attendent la fin de la mêlée pour picorer les restes.

Sur la porte, une peau de lapin est pendue, un pinson chante dans sa cage, les linges de la lessive sèchent au soleil. Je vois le curé d'Ars, immobile, avec un bon sourire, sous ces grands noyers dépouillés, il regarde, il songe :

« Ceux qui ont l'âme pure sont comme des *hirondelles* qui volent dans les airs. »

« Le Bon Dieu aura plus tôt pardonné à un pécheur repentant, qu'une *mère* n'aura retiré son enfant du feu. »

« Un chrétien qui a la pureté est sur la terre comme un *oiseau* qu'on tient *attaché* par un fil. Pauvre petit oiseau ! Il n'attend que le moment où on coupera le fil pour s'envoler. »

« A la résurrection, nos corps sortiront de la terre comme le *linge* qui a passé par la *lessive*. »

« Quel cri de joie quand l'âme viendra s'unir à son corps glorifié ! Elle se roulera dans le baume de l'amour, comme l'*abeille* se roule *dans les fleurs*. »

« Une fois, j'allais voir un malade ; c'était au printemps ; les buissons étaient remplis de petits *oiseaux* qui se tourmentaient la tête à chanter. Je prenais plaisir à les écouter et je me disais :

pauvres petits oiseaux, vous ne savez pas ce que vous dites! Que c'est dommage! Vous chantez les louanges du Bon Dieu. »

« Je ne trouve rien de si à plaindre que ces pauvres gens du monde. Ils ont sur les épaules un manteau doublé d'épines, tandis que les bons chrétiens ont un manteau doublé de *peau de lapin.* »

« Celui qui ne prie pas est comme une *poule* ou une *dinde* qui ne peuvent s'élever dans les airs. »

« En mourant nous rendons à la terre ce qu'elle nous a donné : une petite pincée de poussière grosse *comme une noix.* »

« Je pense qu'à la fin du monde la Sainte Vierge sera bien tranquille. Mais tant que le monde dure, on la tire de tous les côtés. Elle est comme une *mère qui a beaucoup d'enfants* et va de l'un à l'autre. »

Nous croisons un berger qui par les champs couverts de neige ramène un troupeau de brebis. La porte de la ferme vient de s'ouvrir, on voit la flamme claire d'un feu d'épines flambant dans l'âtre. Le curé d'Ars se souvenait d'avoir ainsi mené paître son troupeau sur les plateaux de Dardilly, aux jours d'hiver.

« Il faudrait faire comme les bergers qui sont en champ pendant l'hiver — la vie est un bien long hiver! — ils font du feu; mais de temps en temps ils courent ramasser du bois de tous les côtés pour l'entretenir. Si nous savions, comme les bergers, toujours entretenir le feu de l'amour de Dieu dans notre cœur, par des prières et des bonnes œuvres, il ne s'éteindrait pas. »

« Les pauvres pécheurs sont engourdis comme les *serpents pendant l'hiver*. »

« Les croix transformées dans les flammes de l'amour sont comme un *fagot d'épines* que l'on jette *au feu* et que le feu réduit en cendres. Les épines sont dures, mais les cendres sont douces. »

Nous avançons, là-haut, la cloche sonne une messe tardive. Je gravis le raidillon qui mène à la Providence. La rue est presque déserte. Une femme passe serrant dans ses bras un marmot bien emmaillotté. Et je me répète des paroles du saint qui devraient être le petit évangile de tout prédicateur :

« Lorsque la *cloche* vous appelle à l'église, si l'on vous demandait : où allez-vous ? Vous pourriez répondre : je vais *nourrir mon âme*. Si l'on vous demandait, en vous montrant le tabernacle : qu'est-ce que c'est que cette porte dorée ? Vous pourriez répondre : c'est le *garde-manger* de mon âme. Quel est celui qui en a la clef, qui fait les provisions, qui apprête le festin, qui sert à table ? C'est le prêtre. »

Et ce fut là toute la vie du saint curé : nourrir les âmes, leur ouvrir très larges les portes du garde-manger divin. En songeant aux âmes, il n'oubliait pas les corps. Comme le curé de Châtillon, saint

Vincent de Paul, il jugeait que pour arriver jusqu'aux âmes le plus court chemin est parfois de s'occuper des corps. Voici, en face de l'église l'hospice de la *Providence*. Après avoir dépensé toute sa petite fortune à l'achat d'une maison destinée à recueillir les orphelines abandonnées, il travailla de ses mains aux agrandissements nécessaires On le vit faire le mortier, tailler et porter ces pierres avec les ouvriers. Nous entrons, une religieuse nous montre le pétrin où se renouvela le miracle de la multiplication des pains. Un jour, on était venu annoncer au Bienheureux que les provisions étaient épuisées, il ne restait plus qu'une poignée de farine, pour nourrir soixante orphelines.

« Pétrissez-la, répondit le saint. — Mais nous ne pouvons faire que deux pains tout au plus, objecte la sœur Marie Chaney — Faites comme si de rien n'était. »

La sœur obéit. Et à mesure qu'elle pétrit la pâte elle voit celle-ci gonfler, monter, remplir le pétrin On put cuire dix gros pains de vingt-deux livres.

A quelqu'un qui lui demandait son secret pour faire ainsi violence au ciel, le curé répondait « Mon secret est bien simple, le voilà : *tout donner et ne rien garder.* »

Vers Châtillon-lez-Dombes.

Et nous voilà en route, après une dernière prière à l'église, vers un autre presbytère où habita un saint qui connut le même secret.

L'auto file vers Châtillon-lez-Dombes au milieu d'une tempête de neige. Le paysage de la Dombe ne varie guère : prairies grasses coupées d'étangs et de marais, champs de blé qu'on n'a pu encore labourer faute de bras, maisons d'argile perdues dans les massifs d'aulnes et de saules.

L'auto s'arrête devant l'église de Châtillon.

Vincent de Paul arrivait ici au mois de juillet 1617, fuyant Paris, comme le bienheureux Vianney fuyait Ars deux siècles plus tard, pour échapper à la vénération qui déjà s'attachait à celui qui s'appelait *ce misérable, ce meschant escholier de quatrième*. Lui aussi voulait « pleurer ses pauvres péchés » dans la solitude. Il quittait le palais des princes de Gondi qui lui avaient confié l'éducation de leurs enfants. Châtillon, comme Ars, était un bien pauvre champ hérissé d'épines.

« Estant entré dans ladite esglise, et après avoir dit Messire de Paul sonné la grosse cloche trois coups, baisé le grand autel d'icelle, traicté et manié entre ses mains les ornementz et habillementz de ladite esglise a du tout requis acte que luy a esté octroyé. »

M. Vincent se mit à l'œuvre. L'église de briques,

au porche sculpté, aujourd'hui fraîche et lumineus[e] ressemblait alors beaucoup plus à une étable qu[e] une église. « Sale, enfumée, dépourvue des orn[e]ments les plus nécessaires, elle servait moins a[u] service divin que de lieu de rendez-vous et de pr[o]menade aux ecclésiastiques et aux laïques. » L'églis[e] spirituelle ne valait guère plus. Les prêtres [ne] manquaient pas : cette paroisse de 3.000 habitan[ts] en possédait six, mais leur libertinage, leu[rs] scandales avaient livré la ville au protestantism[e].

M. Vincent commença par gagner la confiance [de] ces pauvres prêtres, peu à peu il les amenait à u[ne] vie régulière, les décidait « à se mettre ensemb[le] dans quelque sorte de *communauté*, pour se do[n]ner, par ce moyen, plus parfaitement au service [de] Dieu[1]... » Le scandale écarté, le saint se met à l'œ[u]vre et son travail présente un parallélisme frappa[nt] avec celui qu'entreprendra le curé d'Ars. On dir[ait] deux vies qui se répètent, mais toutes les vies [de] saints ne se répètent-elles pas, quelque pe[u]. M. Vincent « *visitait* régulièrement deux fois [par] jour, une partie de son troupeau. Le reste du tem[ps] était donné à l'étude et au confessionnal. Comme [le] saint ne renvoyait jamais personne, on était as[sez] souvent obligé de l'aller retirer du confessionnal

---

1. Abelly.
2. Collet.

Le désir de se rendre utile aux petits et aux grands, le porta à faire une étude particulière de l'espèce de *patois* qui est en usage chez le petit peuple. Il bannit les danses et les excès scandaleux qui déshonoraient les fêtes, il abolit le mauvais usage d'exiger de l'argent pour l'administration du Sacrement de Pénitence. Il défendit qu'on continuât de confesser les *enfants*, comme on avait fait jusqu'alors, « c'est-à-dire en les rassemblant dans les chapelles où on les obligeait de s'accuser à haute voix les uns devant les autres [1] ».

Très vite les conversions retentissantes se multiplient. M. Vincent est à peine arrivé depuis quelques mois, qu'un riche pasteur calviniste, M. Beyvier, chez qui il est allé loger, se convertit, fait pénitence publique de ses désordres, vend ses biens, les distribue aux pauvres et devient avec deux autres illustres converties, Françoise de Mizeriac, dame de la Chassagne, et Charlotte de Brie, sa fille, le principal collaborateur du saint dans la création de la *Société des Dames de la Charité*. Une autre conversion achève d'établir l'autorité du curé, c'est celle du comte de Rougemont, seigneur de Chandée, duelliste forcené, *grand éclaircisseur*, comme dit M. Vincent, et qui, après avoir entendu quelques sermons du saint, brise son épée, vend sa

---

1. Collet.

terre de Rougemont, en distribue le prix aux pauvres, rêve d'un si absolu détachement que le curé est obligé d'intervenir, de modérer son ardeur. Son château de la Chandée est transformé en hôpital, le châtelain y soigne lui-même les pauvres qu'il a recueillis.

Le saint n'est arrivé que depuis trois mois, il n'en passera que dix à Châtillon, et déjà toutes les œuvres qui doivent immortaliser son nom existent *en germe : Société des Dames de Charité, Société des conférences de Saint-Vincent-de-Paul, Communautés de prêtres, Hôpitaux et dispensaires, Communauté de Sœurs gardes-malades.*

Ce fut au mois d'août 1617 qu'eut lieu la première assemblée *des Dames de Charité*[1].

M. Vincent avait recommandé en chaire, sur la prière de Mme de la Chassagne, une malheureuse famille dont presque tous les membres étaient malades. Sa parole fut si persuasive qu'au sortir de l'église beaucoup de personnes s'empressaient d'accabler ces pauvres gens de provisions de toutes sortes. A la vue de ce concours de générosités aussi spontané que peu ordonné le saint demeura pensif : « Voilà une grande charité, mais elle est mal réglée. Ces pauvres gens auront trop de provisions à la fois, une partie sera gâtée et perdue, et puis après,

---

1. L'érection canonique de la confrérie se fit le 8 décembre 1617, en la chapelle de l'Hôpital.

ils retomberont en leur première nécessité. » Avec son sens pratique, le saint voyait la nécessité d'organiser la charité. Il consulta Dieu et s'ouvrit de ses projets à ses deux converties, Mme de la Chassagne et sa fille, Mme de Brie. Il s'agissait de créer une confrérie de la charité, composée de pieuses Dames qui, reconnaissant Jésus-Christ dans ses membres souffrants, se voueraient à leur soulagement. Les adhésions affluèrent. Le règlement rédigé par saint Vincent de Paul, approuvé par l'archevêché de Lyon, est conservé à l'hôpital, dans la chambre du saint transformée en oratoire. Les feuillets jaunis sont exposés, à gauche de l'autel, dans un reliquaire en forme de cadre. Avec mes deux amis protestants, nous déchiffrons l'écriture large, ferme, assez semblable à l'écriture du curé d'Ars.

« Au nom du Père, du Fils et du Saint-Esprit, le huitième jour de décembre, jour de l'Immaculée-Conception de la Vierge, Mère de Dieu [1], l'an mil sept cent dix-sept, dans la chapelle de l'hôpital de la ville de Châtillon-lez-Dombes, le peuple estant assemblé, nous Vincent Depaul, prebtre et curé indigne de la dicte ville avons exposé... les articles et règlements ci-dessus contenus, dressés pour

1. Ces paroles sont écrites près de deux siècles et demi avant la définition du dogme de l'Immaculée Conception. La pensée des saints se rencontre. J'ai dit un mot de la filiale dévotion du curé d'Ars à l'Immaculée.

l'érection et establissement de la Confrérie de charité... ayant premièrement fait savoir au peuple en quoy ladite Confrérie consiste, et quelle est sa fin, qui est d'assister les pauvres malades,.. corporellement et spirituellement. »

V. DE PAUL,
Curé de Châtillon.

Le règlement, suivi de l'approbation de l'Archevêché remplit vingt-quatre pages. Le Saint rappelle la vie pauvre du Christ, ses appels à la miséricorde : « Ce que vous avez fait au moindre de ceux-ci vous l'avez fait à moi-même. » C'est donc Notre Seigneur que les Dames de charité serviront et reconnaîtront dans les pauvres. Marie sera le modèle de la charité, de l'humanité, de la simplicité, du respect avec lesquels les *Servantes des Pauvres* devront servir leurs *Maîtres*.

Le Saint entre ensuite dans les plus menus détails sur la manière de visiter les malades, « de les veiller, assister et nourrir », jusqu'à expliquer comment il faut accommoder *sur le lit* la tablette de bois où on leur servira leur repas. La Confrérie choisira deux pauvres femmes honnêtes et pieuses pour *garder les malades* qui seraient seuls, elles s'appelleront *gardes des pauvres malades*.

Et voilà « la première de ces admirables *chartes de charité* qui auraient pu faire de chaque ville et de chaque village comme une seule maison et de tout l'État une grande famille »[1].

« Il serait difficile, rapporte un témoin, de dire tout le bien matériel, soit spirituel qui en revient aux pauvres, et les conversions dont cette confrérie a été la source[2]. »

A la fin de l'année, le saint repartait pour Paris rappelé par la famille de Gondi...

Nous voilà revenus à l'église, au pied de la chaire, où il prononça des paroles d'adieu coupées par ses sanglots et ceux de l'auditoire : « Lorsque la Providence m'a conduit à Châtillon, je croyais devoir ne vous quitter jamais; mais puisqu'il semble qu'elle en ordonne autrement, respectons, vous et moi, et suivons ses saintes décisions. De loin comme de près, vous me serez *toujours présents dans mes prières :* de votre côté, n'oubliez pas ce *misérable pécheur...* »

Puis, descendant de chaire, il distribue aux pauvres son petit avoir, ses provisions, jusqu'à ses habits et son linge que les riches vont racheter à prix d'or et conserver comme des reliques. La foule suivait le pauvre curé « criant miséricorde, comme si la ville eût été prise d'assaut ». Il pleurait; enfin, il leva ses mains et leur donna sa dernière bénédiction.

1. Arthur Loth.
2. Second procès-verbal.

En ces dix mois de séjour, il avait transformé la ville, réformé le clergé, semé le petit grain de sénevé qui allait devenir l'arbre immense de la charité catholique.

« Où est la rue Saint-Vincent-de-Paul ?

— La rue Saint-Vincent-de-Paul ? me répond une bonne femme sur le seuil de l'église, il n'y en a pas à Châtillon.

— Pas une petite rue, une petite place, rien ?

— Non... Ah ! si, tenez. Devant la gendarmerie, là où est la statue, il y a une petite place, plantée de trois arbres ; on l'appelle encore place Saint-Vincent-de-Paul. »

C'est peu. Pourtant la place ne manquait pas. Je traverse la grande place de la *République*. Je suis la large rue *Gambetta*. Évidemment le nom de saint Vincent de Paul était bien petit auprès de ces noms-là ! J'arrive à la place minuscule où on a bien voulu tolérer le chef-d'œuvre de Cabuchet, inauguré en 1865. Même une petite plaque bleue bien timide se cache au coin d'une maison : « Place Saint-Vincent-de-Paul. » Heureusement le nom est assez grand par lui-même pour n'avoir pas besoin de nos petites réclames. Il a rempli le monde. Qu'importe qu'on ait recouvert d'un peu de terre le sillon où la première poignée de froment germa. Le froment s'est multiplié, il a couvert de moissons les cinq parties du monde. Tant pis pour ceux qui ont laissé tomber la gloire qu'eurent leurs aïeux de voir à l'œuvre le grand semeur.

Le groupe de bronze de Cabuchet est digne du chef-d'œuvre d'Ars. Le saint revêtu du surplis et de l'étole est assis. La tête très douce s'incline, en un geste d'infinie commisération, vers deux enfants trouvés. L'un s'est endormi dans les bras du saint, repose sa tête sur sa poitrine ; l'autre debout, à moitié nu, supplie les mains jointes, les yeux levés, la tête proche du cœur de son père adoptif. La prière muette est exaucée, la main gauche du saint embrasse le pauvre petit, le serre... Il ne sera pas abandonné.

Je reviens à l'église par la grande rue Gambetta où la neige s'amoncelle, et m'arrête un instant devant les vitraux qui reproduisent les scènes de la vie du saint.

M. Vincent et le mendiant. Saint Vincent arrache un enfant des mains d'un mendiant qui lui déformait les membres : « Barbare, vous m'avez trompé, de loin je vous avais pris pour un homme. » Puis une reproduction du célèbre vitrail de Claudius Lavergne : saint Vincent de Paul établissant l'œuvre des enfants trouvés. « Or sus, Mesdames, la charité vous a fait adopter ces petites créatures pour vos enfants, ils vivront si vous continuez d'en prendre soin : ils mourront, si vous les abandonnez. »

A la porte de l'église, l'inévitable annonce : « Tous

les soirs, à sept heures, prières pour nos soldats. »
A côté, un imprimé est piqué : *Le petit paquet du soldat :* Une chemise ; un tricot ; un cache-nez ; un caleçon, etc.

Décidément les successeurs de saint Vincent de Paul ont hérité de son esprit de charité pratique.

Nous sortons. Sur le trottoir deux cornettes blanches s'avancent. Ce sont les Sœurs de charité installées dans l'ancien presbytère du saint, qui conduisent à la promenade leurs quarante orphelines. Les enfants ont aperçu nos képis rouges, un cri unanime jaillit : « Vive la France. »

La bonne Sœur sourit : « Oh ! elles aiment bien les petits soldats. Pour la Noël, elles ont envoyé aux tranchées des colis de lainages : tricots, cache-nez, passe-montagnes... Elles avaient tricoté cela elles-mêmes. Plusieurs ont ajouté du chocolat, du sucre. Chaque colis contenait en plus une petite *lettre* où on disait à nos braves combattants qu'on les aimait bien, qu'on priait pour eux. » Je m'adresse aux enfants : « Qui veut venir avec nous pour soigner les blessés ? » Tous les capulets à carreaux blancs et noirs se redressent : « Moi, moi, moi ! » Toutes veulent venir. Les braves cœurs ! Elles s'éloignent à pas menus, puis se retournent pour crier encore une fois : « Vive la France ! »

Là-haut, M. Vincent a dû avoir un bon sourire.

Sept heures du soir. — Nous avons regagné la roulotte.

Un plat de « singe » fume sur la table. Le pasteur D... feuillette la vie du curé d'Ars : « Oui, dit-il, il n'y a que les saints. Il n'y a qu'eux à nous intéresser, à nous instruire. »

Les Humbles à l'Honneur

Avril 1915. — Le train sanitaire a été garé au pied des montagnes *du Jura*, parmi les bois de charmes et de hêtres de la Bresse. La forêt nous entoure où s'éveillent les premiers chants et les premières fleurs. Des tapis d'anémones montent aux marches du train. A l'horizon, par les jours clairs, les cimes du mont Blanc aux larges champs de neiges et de glaces... Dans les creux : étangs et marais où courlis et canards sauvages, cigognes et poules d'eau fouillent la vase parmi les joncs.

A 2 kilomètres, vers l'orée du bois, un village. Une cinquantaine de maisons aux toits de chaume : Sergenaux-les-Deux-Fays. La petite église dresse son clocheton sur un mamelon, entourée des tombes de son cimetière. C'est en plein bois que nous procédons à l'installation du nouveau train. Le nombre des voitures est réduit de moitié. On veut donner de l'allure à la roulotte, infuser un sang de coureur au vieux percheron.

Caisses et caissons, tables et paillasses, bouteilles et polochons, brancards et tinettes, pistolets et mandolines (vaisselle intime) s'entassent sur la voie, et les jonquilles du remblai. Tout le décor d'un grand marché aux puces. La place Mariadec, aux jours de foire.

Et nos muscles apprennent le métier de portefaix, sous les giboulées de pluie, de neige, de grêle.

Pour varier, je prêche un bout de Mission à une centaine de paysans du Jura qui viennent tous les soirs, en sabots, par les chemins défoncés, à travers les sentiers du bois, par les sentes qui longent les étangs.

Vendredi saint. — Sermon de la Passion. Mes compagnons sont là, au fond de la petite église. On s'entasse dans les bancs. Beaucoup de robes noires, de voiles de crêpe. La mort poursuit son travail. La petite paroisse compte déjà six morts tombés au champ d'honneur, puis des blessés, des prisonniers, et ceux qui n'envoient plus de lettres. Le chant du *Stabat* descend sur toutes ces âmes meurtries.

Stabat Mater dolorosa
Juxta crucem lacrymosa.

Et elles aussi, toutes ces mères, sont debout près de leur croix, souffrant, pleurant, résignées.

Nous avons suivi la Vierge des Douleurs dans son long et sanglant pèlerinage, sur les pas de son Fils. Il y a des larmes dans les yeux, mais ces larmes apaisent les cœurs. On a plus de force pour souffrir, dans le sillage d'une douleur qui efface ou atténue la nôtre par son immensité.

Après la cérémonie, une pauvre mère entre à la sacristie.

Elle est vêtue de noir, toute petite et comme courbée sous un fardeau trop lourd. « Bonjour, Monsieur le Curé. — Bonsoir, Madame Léculier, toujours pas de nouvelles de votre Louis ?... »

Elle essuie ses larmes. « Non. Depuis le 16 mars... plus rien. J'ai écrit à son sergent-major, M. l'abbé Ratte, pour avoir des nouvelles. Je lui ai dit : « S'il « est arrivé un malheur à Louis, ne nous le cachez « pas. Nous pleurons en ce jour avec la Sainte » Vierge au pied de la croix. » Oh! ne rien savoir, Monsieur le Curé, c'est bien dur, bien dur. — Peut-être est-il prisonnier. — Nous l'espérons... Enfin, que la volonté de Dieu se fasse... Nous serions bien malheureux. On se fait vieux, son père et moi. Nous comptions sur lui, il était tout pour nous. Sa sœur est jeune. Son frère malade... Enfin, il fallait bien *donner ce qu'on avait de bon*. Mon Père, priez bien pour nous. «

En rentrant au presbytère, M. le Curé me parle de Louis : « Vingt et un ans. C'était mon *chantre*, le boute-en-train de ma jeunesse, le président de mon cercle de jeunes. C'était notre providence, notre meilleur espoir. Que ferons-nous sans lui ? Qui donnera l'exemple à mes enfants ? Et puis, bien que

'étant jamais sorti de ses champs, de son village
- si ce n'est pour un pèlerinage à Lourdes qui fit
poque dans sa vie et l'aiguilla définitivement vers
ι piété et l'apostolat — bien que n'ayant reçu que
instruction de notre école primaire, Louis était
arvenu à un degré de culture, d'affinement assez
are parmi nos paysans. Oui, que ferons-nous sans
ιi? — C'est la mère, n'est-ce pas? — Oui c'est elle
ui, après Dieu, lui avait donné cette richesse de
œur. »

Pâques, 4 avril 1915. — Pluie et soleil. L'hiver et
a mort, le printemps et sa résurrection qui luttent.

Les enfants à qui j'ai prêché la retraite de pre-
lière communion sont groupés près du chœur.
ιobes blanches, brassards, flamme des cierges. Et
ɔutes les pensées vont vers ceux qui ne sont pas là
our goûter avec nous à ces joies fraîches.

M. le Curé a béni les enfants. Cris, rires et larmes.
)n chante :

> Jésus est l'ami des enfants,
> Des enfants il est le modèle.

Puis les plus grands, groupés sur les marches de
autel, ont offert à la Vierge leur couronne :

> Prends ma couronne, je te la donne,
> Au ciel n'est-ce pas, tu me la rendras?

Le sermon n'a pas été long : « Vous songez, n'est-
e pas, à ceux qui, là-haut, de la tranchée lointaine,

songent à l'heure qui nous réunit, à leurs tou[s]
petits. Vous voudriez leur envoyer un peu de votre
joie. Vos enfants vont prier tout-à-l'heure, leve[r]
leurs mains qui, aujourd'hui, bénissent, pour que
Jésus, leur ami, apporte aux exilés la première bénédiction de leur première communion.

« Et puis, après avoir suivi la Vierge des Douleur[s]
au pied de son calvaire, après avoir compris par le[s]
souffrances de votre propre cœur les souffrances du
sien, unissons-nous à ses joies. Ici aussi, il vou[s]
sera facile de les comprendre. Un jour, si Dieu l[e]
veut, les vôtres, ceux qui sont votre chair et votre
sang, reviendront de leur calvaire, et, comme l[a]
Vierge, vous les serrerez dans vos bras, ressuscités[,]
revenus des portes de la mort. Et votre joie, comm[e]
la sienne, se mesurera à la longueur, à l'acuité de[s]
angoisses subies. Comme elle, vous bénirez Dieu[.]

« Et s'il en veut quelques-uns pour lui, les meil[-]
leurs peut-être — car il faut un sang pur pour l[e]
rachat des patries — s'il les prend, vous aurez[,]
comme Marie au pied de la croix, la consolation d[e]
savoir que le sang et les larmes ne se perdent pas[.]
Tout cela, c'est la semence d'où germera une France
meilleure, celle qu'ils ont rêvée, pour laquelle ils s[e]
sont offerts. Puis, comme Marie aussi, jusque dan[s]
l'étreinte de votre croix, vous garderez la grand[e]
certitude qui console : la mort n'est pas la fin[.]
Après les heures du tombeau se lèvera l'heure de la

ésurrection, l'heure des rapprochements définitifs
ans les joies sans déclin. »
Les tout petits portés dans les bras des mamans
éfilent devant l'autel pour l'*offrande*. Ils sont nom-
reux — ce pays pauvre est riche en enfants — on
ur a mis un petit sou dans la main pour le dépo-
r dans le plateau d'étain de l'enfant de chœur.
ais les tout petits n'ont pas compris pourquoi on
ait mis un sou dans leur main. Ils ne comprennent
s pourquoi M. le Curé leur présente en souriant
 crucifix à baiser. Ils rient, prennent le petit
sus dans leur menotte, mais ils ne rient plus
iand il faut ouvrir la main et donner leur petit
u. Les mamans, gravement, desserrent les doigts
rrés des mioches et libèrent la pièce de monnaie.
Sur le seuil de l'église, Mme Léculier nous salue :
Ah! mon Père, comme j'avais envie de pleurer en
us entendant. Pourtant, cela fait du bien. La
inte Vierge a plus souffert que nous. Et puis, on
est pas pour vivre toujours... — Pas de nouvelles?
mande M. le Curé. — Non, rien, rien... » Elle
uie ses larmes et s'éloigne. « Ah! j'ai bien peur,
e dit M. le Curé. Dieu nous l'aura pris pour que la
 ne le gâte pas. Mais nous... Il était l'exemple.
mais au café, jamais aux « veillées » où tant de
nes laissent leur vertu. Il ne savait que le che-
n de ses champs, celui de la maison, puis celui
l'église et du presbytère. Il était l'âme de nos

fêtes, tout débordant de la joie d'une jeunesse intacte, l'acteur toujours applaudi de nos petites pièces. Il aimait les rôles de soldat et les jouait à la perfection. Maintenant, après la comédie, c'est le drame qu'il joue. Vous verrez, nous aurons une mauvaise nouvelle demain. »

La mauvaise nouvelle est venue.

Le maire des Deux-Fays a reçu un communiqué de la Préfecture : « Louis Léculier, tué à Hooghe, près d'Ypres, le 16 mars 1915, d'une balle dans la tête. »

En revenant de l'église, je trouve M. le Curé en larmes. « Dieu nous l'a pris. Si nous allions voir sa mère. — Oui, volontiers. »

La petite maison est là-haut, au bout de la côte entre l'église et l'étang de l'école, parmi les champs de navette qui sont comme un drap d'or ouvert sous le soleil.

La ferme au toit surbaissé, couvert de tuiles et de chaume, s'ouvre en face des étables où les vaches et les bœufs ruminent sur la litière de froment et feuilles. Nous ouvrons une claie à claire-voie. Nous voilà dans la cuisine, pavée de briques. Au centre le fourneau de fonte, dans un coin le grand lit deux images pieuses au chevet, et un crucifix. Le père, la mère, la petite sœur sont assis en silence. Dans l'embrasure de la fenêtre, une jeune femme en deuil. Son mari, le frère de Mme Léculier a tué à l'ennemi, voilà plusieurs semaines, laissant quatre enfants en bas-âge.

Un moment, pour laisser passer le flot de larmes et des sanglots. Et puis les cœurs s'épanchent.

« Pauvre Louis, dit Mme Léculier, c'était notre joie, notre tout. Qui s'occupera de nous maintenant, de son frère, de sa sœur? Il était si ouvert, il ne pouvait rien me cacher.

« Quand il est né, j'avais demandé à la Sainte Vierge d'en faire un prêtre. Ce qui me console, c'est qu'il *sera prêtre* maintenant, au ciel... Avec lui, on a donné tout ce qu'on avait.

— Oui, continue le père, si on ne pensait pas au ciel, où il est, où on le retrouvera, on mourrait...

— Il m'écrivait, gémit la mère : « Petite maman, « ne te chagrine pas. Ayons confiance en Dieu. Si « j'y reste, ça servira pour la France. » C'est en Belgique qu'il est mort, mais je suis certaine qu'avant de mourir il se sera tourné vers la France.

Le jour où il est parti il a travaillé aux champs toute la matinée. En revenant, il a dit adieu aux voisins. Il riait, on aurait dit qu'il allait à une fête. Pourtant, il disait à une voisine : « J'y resterai. Je « ne reviendrai pas. Mais il vaut mieux que ce soit « nous, les jeunes, qui mourions et que les pères « de famille reviennent... Et puis ça servira, si « nous mourons, pour la France. »

« Quand il a été pour partir, il m'a dit : « Maman,

« la France a beaucoup péché. Il lui fallait une
« épreuve, la guerre, pour l'arrêter sur sa mauvaise
« pente, la ramener. Ceux qui ne sont pas chrétiens
« ne comprennent pas. Moi, je suis content d'aller
« souffrir et même mourir, si Dieu le veut, pour
« le salut de la France. » Elle continue, après un
silence coupé de sanglots.

« Un jour, il était venu un couvreur. Pendant le
dîner, il parla contre les bigots : « En 1870, il
« arriva dans notre compagnie un jeune homme
« qui avait vos idées. Il portait des médailles,
« des scapulaires, faisait des prières. Au premier
« engagement, il tombait, frappé à mort. Moi,
« je ne portais rien de toutes ces histoires, ni
« médailles, ni scapulaires... et me voilà... j'en suis
« réchappé. »

« Après le dîner, comme j'avais peur que tout cela
n'eût produit une mauvaise impression sur Louis, je
lui dis : « Louis, voyons, qu'aimerais-tu mieux, être
« à la place du couvreur ou à celle du petit soldat qui
« faisait sa prière et qui est mort chrétiennement ? »
Et lui, en riant : « Oh ! maman, tu peux être bien
« tranquille. Le brave homme ne m'a pas troublé.
« Le petit soldat est mort en bon chrétien. Il est au
« ciel depuis 1870. A côté de ça les soixante ans du
« couvreur sont bien peu de chose. Le bon Dieu
« lui a donné son pauvre et maigre paradis sur la
« terre. Oh ! mon choix est fait depuis longtemps. »

« Eh bien ! moi aussi, continue la mère, mon choix était fait. On ne peut s'empêcher de pleurer, les vrais malheureux c'est ceux qui restent, mais, malgré tout, j'aime mieux savoir mon Louis au ciel que le voir devenir moins bon. Et son frère aussi et sa sœur aussi. J'aimerais mieux que Dieu les prenne que les voir suivre de mauvais chemins.

— Oui, interrompt le père, après tout, la vie c'est pas grand'chose. Quarante ans, soixante ans, quand on pense au ciel ! Ils sont bien malheureux ceux qui n'ont pas de religion, même quand ils se croient heureux. On n'est pas pour durer toujours. Louis pensait cela et il n'avait pas peur de le dire. Tenez, c'était à la veille de son départ, dans une réunion d'hommes. Quelques-uns jugeaient encore l'heure bonne de manger du curé. Ils disaient : « Ce sont « les curés qui ont fait la guerre, ils ont envoyé de « l'argent à l'Allemagne. » Louis était seul devant ce monde-là, il était le plus jeune. Il leur dit leur fait tout de même : « Si tout le monde, et vous les « premiers, aviez fait votre devoir de Français, « comme les curés, on n'aurait pas eu la guerre « peut-être, parce qu'on aurait été prêts. Vous avez « fait de la défense laïque au lieu de faire de la « défense nationale. Et maintenant, c'est nous et « les curés qui allons nous faire tuer pour expier « votre négligence. Et ce sera encore nous qui vous « donnerons l'exemple du courage. Battez-vous

« comme les curés, et ça ira bien. Ce n'est pas eux
« qui ficheront le camp. »

« Quand il sortit, je lui demandai : « Tu n'as pas
« eu peur de dire tout cela ? — Pourquoi aurait-
« on peur, quand on a raison et qu'on fait son
« devoir ? », me répondit-il. »

Ces choses sont dites très simplement, parmi les sanglots étouffés. Je regarde cette humble chambre et ces âmes d'humbles si riches, si hautes sans effort. C'est là l'atelier divin, où la race s'est gardée, le sillon inconnu où la vraie France héroïque et rédemptrice a germé. C'est d'ici, de ces fermes du Jura, des Landes, de la Bretagne, des Causses, du Plateau Central, de ces terres profondes et ignorées, où l'on parlait peu, où on priait beaucoup, que sont venus les saints de la grande guerre, les milliers dont le nom ne sera pas gardé par l'histoire, mais qui de leurs poitrines ouvertes auront fait un rempart à la France, sauvé son âme.

« Non, il n'avait pas peur, reprend la mère. Quand il passait devant l'église, devant la croix, il ôtait son chapeau. Un jour, je lui fis remarquer qu'on riait de son geste. « Laissez-les faire, répon-
« dit-il, ça leur aura donné un moment de plaisir. »

« Il arrivait toujours à l'église avant les vêpres pour réciter son rosaire avec les femmes de la Congrégation. Un jour, je lui dis : « Quand tu es entré,
« quelques jeunes filles se sont mis à rire en disant :

« Voilà *le Saint.* » — Bien, répondit-il, j'aime mieux
« qu'on m'appelle le Saint que le mondain. »

M. le Curé se lève. Une dernière poignée de main. Nous sommes sur le seuil.

« Espérons, dit Mme Léculier, que ce sang et ces larmes serviront à la France. Oui, si cela sert à nous rendre une France chrétienne je ne regrette rien. Mais si ça ne servait à rien, si nous restions comme avant, ce serait trop triste, vraiment. »

Non, tout cela ne sera pas perdu, Dieu n'aura pas vainement choisi pour notre rachat le sang le meilleur. Et je songe à la lettre que je recevais ce matin. Déjà trente-cinq Jésuites français[1], tombés au champ d'honneur. La plupart revenaient de l'exil. Ils rêvaient de donner leur jeunesse, tout ce qui était en eux de science, de dévouement, à l'œuvre de la plus grande France. Dieu a connu leurs vœux, il a pris leur sang. Non, tout cela ne sera pas perdu.

Hier, à la messe de Pâques, nous chantions :

« *Je suis ressuscité et je suis encore avec vous.* »

Oui, ils sont avec nous, leurs ombres vivantes nous entourent.

« *Vous avez posé votre main sur moi, Seigneur, votre science a été merveilleuse.* »

Oui, meilleure que la nôtre. Nous disions :

---

1. Cent quinze en février 1917.

l'action, la lutte, la parole, il a dit : le Calvaire, l'exaltation de la Croix. Et voilà que de leurs bras sanglants ils nous soulèveront, attirant tout à eux et au Christ.

« *Seigneur, vous m'avez éprouvé et vous m'avez connu; vous avez connu mon exil et ma résurrection.* »

Oui, il les a connus et jugés dignes de parfaire ce qui manquait à sa Passion, dans leur chair. Il a vu leur exil, il les en a rappelés pour sonner l'heure de nos résurrections...

« *Otez le vieux levain, pour être la pâte nouvelle. Car notre Pâque a été immolée. Célébrons la fête, non plus avec les vieux ferments, mais dans les azymes de la pureté et de la vérité.* »

Demain, la France aura du pain nouveau, un sang pur aura fécondé ses sillons, multiplié ses froments. Et donc, avec l'Église, oublions les larmes, ne soyons pas comme ceux « qui n'ont pas d'espérance ».

« *C'est ici le jour qu'a fait le Seigneur. Réjouissons-nous, soyons dans l'allégresse. Confessez le Seigneur, car il est bon, car sa miséricorde remplit les siècles.* »

***

« Demain, je dirai la messe pour votre Louis. — Merci, mon Père », répond la pauvre mère.

Mercredi de Pâques. — M. le Curé dit sa messe

On est venu nombreux prier pour Louis. Une jeune fille récite le chapelet. Tous répondent.

Dès les premiers *Ave*, les voix s'étranglent, on pleure, on sanglote. Il y a là des riches, des pauvres aussi et ils pleurent. Il était bon pour eux; il leur donnait un peu de son pain, beaucoup de son cœur. Un jour une pauvre vieille passe sur le chemin portant une besace de pain. Louis revenait des champs la journée finie; il laisse ses bœufs à l'étable, prend le pain de la vieille et le porte devant elle jusqu'à l'autre bout du village.

La messe de M. le Curé terminée, je dis la mienne. La mère est là, perdue dans ses vêtements de deuil, un rosaire à la main. La messe est finie. Mme Léculier vient nous remercier à la sacristie. Les yeux, la voix sont pleins de larmes, mais l'âme est debout : « Louis s'est offert pour la France, mon Père, Dieu l'a accepté, il nous l'a pris; que sa volonté soit faite ! »

Rentré au presbytère, M. le Curé me montre une photographie de Louis, en soldat. C'est le bon paysan du Jura. Taille au-dessus de la moyenne, sec, nerveux, musclé, les traits anguleux, les pommettes saillantes, le menton accusé. C'est la race tenace et rude des laboureurs, des remueurs de terre, des semeurs de froment. Mais le regard est doux, profond, clair comme les eaux des lacs bleus des cimes du Jura.

Puis, on me communique un paquet de lettres, la plupart écrites au crayon, tachées de la pluie et de la boue des tranchées.

Je les lis; tout cela est simple, droit, comme l'âme de celui qui écrit. Il parle de la vie dans la tranchée, des bœufs qu'il a laissés à l'étable et qu'il voudrait revoir, des récoltes et des travaux des champs dont il réclame des nouvelles; il parle de confiance en Dieu et de résignation joyeuse. Il est le servant de messe attitré de son sergent-major et en profite pour se confesser et communier aussi souvent qu'il le peut.

La série s'ouvre par deux lettres écrites de *Lourdes* en 1912. Louis y suivait la procession du Saint Sacrement à côté des pèlerins allemands et autrichiens, dont quelques-uns, peut-être, sont là, maintenant, dans la tranchée ennemie, et comme lui, songent, avec regret, à l'heure où la Vierge avait fait un seul cœur, une seule âme de tous ceux que la guerre a séparés.

Mais parcourons ces lettres. Louis avait rêvé d'être un apôtre; sa mère, M. le Curé avaient fait pour lui le même rêve. Et voici, peut-être, que Dieu aura exaucé ce rêve, aura élargi son horizon en permettant à ces lettres d'aller, de par le monde, éveiller les âmes à un peu plus d'amour.

Lourdes, 19 mai 1912.

Chers parents,

Me voici donc arrivé à Lourdes. Si vous saviez l'heureuse impression à l'arrivée : tout le train était debout, frémissant, chantant, priant.

A la procession du Très Saint Sacrement, les jeunes du Jura marchaient en tête, l'étendard de la Jeunesse catholique déployé. Derrière nous venaient de superbes bannières allemandes, autrichiennes, belges, espagnoles ; chacun tenait son chapelet d'une main et un cierge de l'autre.

Oh ! comme la prière sortait de tous ces cœurs priant à l'unisson.

Déjà deux guérisons : un Espagnol, un Allemand.

N'oubliez pas votre prière du matin et du soir.

Je vais aller communier.

Le voyage... Tout le monde fane le trèfle rouge et le foin.

Les vignes sont belles, les pommes de terre très avancées, sarclées.

Lourdes, 23 mai 1912.

Chers parents,

Voilà plusieurs jours que je suis à Lourdes ; on dirait que c'est d'hier que nous sommes arrivés. Hier matin, nous avons embarqué les Allemands à la gare. Si vous entendiez ce baragouin, impossible de les comprendre. Les Italiens, on les comprend.

Encore une fois merci des sacrifices que vous avez faits pour m'envoyer ici. Dieu vous en récompensera.

Hier, consécration des jeunes gens à la Sainte Vierge. Cérémonie très touchante.

Mgr de Saint-Claude a soupé avec nous. Menu très chic

et le champagne a rincé les verres. Pour finir, nous avons chanté : *Debout les jeunes !* Les voûtes en tremblaient. Et vous, avez-vous déjà sarclé les pommes de terre ? J'ai acheté deux jolies statues, pour maman un chapelet monté sur métal blanc, une douzaine de médailles. Si vous saviez comme il fai bon ici, comme on prie surtout. La prière sort à flots. Que de grâces j'ai demandé à la bonne Vierge !

Votre Louis.

La mobilisation :

Besançon, 16 novembre 1914. Dimanche.

Nous ne tarderons guère à partir. Nous voilà équipés : nos cartouches, nos vivres de réserve, marmites, plats, pioches, médailles individuelles, livrets de guerre, paquet de pansement, tout le fourbi. Ce matin, je suis allé à la messe. C'était la première fois que je le pouvais depuis mon arrivée, aussi j'en ai profité pour me confesser et communier. Maintenant, je *peux partir tranquille.* Pour aller à la messe, j'ai dû me lever avant le jour. Quand je suis revenu, le « jus » était bu.

Besançon, 9 décembre 1914.

J'ai reçu votre paquet. Je vous assure que je n'ai pas mis grand temps pour ouvrir la boîte et goûter aux beignets de maman.

Depuis que je suis ici, je n'ai pas encore manqué une seule fois la messe du dimanche. Dimanche dernier, il pleuvait à verse, mais on n'a que plus de mérite.

L'après-midi, nous avons visité la cathédrale, l'horloge monumentale pareille à celle de Strasbourg. Du clocher, panorama splendide sur la ville.

Au front :

20 janvier 1915, Ypres.

Chers parents,

Voilà une semaine que j'ai quitté Besançon. Nous avons tracé un joli ruban : le Bourget, Boulogne, Calais, Dunkerque, frontière belge, Poperinghe, Ypres.

Ici plusieurs quartiers, la cathédrale ont été saccagés par les obus.

Je suis à un kilomètre des Boches, en tranchée.

Hier, à notre arrivée, nous avons été salués par une pluie d'obus dirigée sur nos batteries de gros calibre.

La chanson du canon s'est prolongée toute la nuit. Entre temps les coups de fusil qui claquent sec.

Ce matin, je suis allé, avec mon caporal, à la messe militaire dite par l'aumônier. Beaucoup de soldats.

On célébrait dans un baraquement de planches tout pareil à nos casemates de seconde ligne.

Notre travail : deux jours de tranchée, deux jours en réserve dans nos baraques, puis quatre jours de repos à Ypres, à six kilomètres d'ici.

Je vous écris sur mon genou. Envoyez une feuille de papier pour la réponse...

Et puis, tout ce que je vous demande c'est de prier pour moi.

Louis Léculier, 36e de ligne, 1er bataillon, 3e compagnie.

25 janvier 1915.

Nous quittons la tranchée. Nous y étions depuis quatre jours.

Passé de fichus moments dans ces trous de taupes, à 50 mètres des Boches.

Les Allemands avaient creusé un boyau qui arrivait à

moins de 10 mètres de nos tranchées. Il en venait une pluie de bombes. Aujourd'hui nous sommes dans les gourbis à 500 mètres des lignes. C'est tout simplement d'autres trous de taupes recouverts de branches et de terre. A notre arrivée, tranchée pleine de boue. On travaille toute la nuit à épuiser l'eau, à réparer les créneaux, relever les éboulements.

Nourriture excellente; un quart de vin tous les matins, une bonne ration de rhum, le reste à l'avenant.

3 février 1915, Ypres.

J'ai été bien peiné d'apprendre le malheur qui frappe notre famille (son oncle tué à l'ennemi, laissant quatre enfants en bas-âge). Que la volonté de Dieu soit faite.

Dimanche, comme j'étais à Ypres, je suis allé à la grand'messe, célébrée par notre aumônier, pour le bataillon. Beaucoup de soldats. La messe était dite dans une des deux églises qui ont été le moins bombardées. Petit sermon qui nous a fait tous pleurer. M. l'aumônier a fait allusion à ceux qui étaient là-bas et qui s'en allaient prier pour nous. Oui, le cœur est gros quand on songe. Mais on a vite fait de se consoler, de retremper son cœur en Dieu. C'est Lui qui nous soutient dans la lutte. Si vous voyiez nos soldats! Nulle honte de faire voir croix et médailles accrochées à la capote, scapulaires du Sacré-Cœur épinglés au képi.

5 février.

Avant-hier au soir, le meilleur de mes amis blessé à mes côtés. Très gentil, très bon chrétien, cela m'a bien serré le cœur.

10 février.

Toujours dans l'eau. Pourtant santé bonne... Vous me

dites d'être prudent. Je le suis. Je vous reviendrai si Dieu le veut...

13 février.

Pluie d'obus. Passé deux jours et trois nuits dans la tranchée, arrosés de mitraille, nous sommes restés tout ce temps en alerte, brochette au canon. Beaucoup de mes amis tués, blessés. Confiance en Dieu, il ne nous abandonnera pas. *Il ne se passe guère d'heures dans la journée que je n'élève mon âme à lui.* Quand je suis à veiller à 5o mètres des Boches, que les obus grêlent, la pensée de Dieu présent me soutient. Toujours enfoncés sous terre. Nous avons fait une sortie... obligés de rentrer décimés par la mitraille...

15 février.

Mon ami, M. l'abbé Ratte, est devenu sergent-major, ce qui fait que je le vois plus rarement. Pourtant je ne passe guère de jours sans aller lui dire quelques mots.

Pluie tous les jours. Hier dimanche, j'ai pu aller à la messe de notre sergent-major. Je suis son sacristain. Je vous assure qu'une messe est toujours un spectacle bien émotionnant, au sortir de la tranchée. Vous me dites que plusieurs écrivent : « Nous avons des poux ». Ici non plus il n'en manque pas, ce n'est guère étonnant et on ne songe guère à s'en plaindre. Pour moi, je n'en ai point et je pense bien me nettoyer assez souvent pour me préserver de cette vermine.

17 février.

Il pleut dans le gourbi, pluie et neige, d'où ces taches sur ma lettre.

Hier, après-midi, je me suis *confessé* au sergent-major. Après cela, je suis tranquille. Je termine, impossible de continuer sous cette pluie.

24 février.

Nous avons attaqué. Notre compagnie arrivait en seconde ligne à 200 mètres des premières tranchées. Nous avons couru au secours des copains qui cédaient. Tout repris, la moitié le jour même, le reste le lendemain. Mais il a fallu sauter dans les tranchées, de l'eau jusqu'aux cuisses. Pas trop de pertes ; retiré et enterré une demi-douzaine de Boches tués dans notre tranchée. En avant, c'étaient des centaines de cadavres fauchés par notre 75 et nos mitrailleuses.

Pendant que nous courions renforcer les premières lignes, il a fallu jeter les sacs, pour aller plus vite. A notre retour, ils avaient disparu. Je me trouve sans linge, envoyez-moi quelques effets et des médailles. Celles que j'avais ont disparu avec le sac.

Il neige.

26 février.

Malgré le temps affreux, je vais bien. Il y a lieu de remercier Dieu de tout cœur, je le fais bien des fois le jour.

Je suis heureux d'apprendre *que les bœufs* vont bien. Je serais plus heureux encore si je pouvais être là-bas pour les conduire. Mais il ne faut pas songer à cela.

Je vais prendre la première ligne ce soir. Dieu m'a protégé jusqu'ici. Ayons confiance en lui. Continuez à bien le prier. Nous en avons tant besoin. Le danger est de tout instant. Pour le temps : pluie, giboulées, neige. Cette nuit, gelée. J'ai rapporté du pain boche des tranchées. C'est comme du pain de cendre, massif comme des crêpes, sentant le seigle à plein nez.

Je vous embrasse bien fort.

2 mars 1915.

J'ai reçu vos 5 francs. Merci.

Ce matin j'ai *servi la messe* au sergent-major.

J'en ai profité pour me *confesser et communier*, avec un sergent et un séminariste. Il est toujours si bon de retourner à la tranchée l'âme tranquille ; on est plus fort pour supporter la misère. J'ai bien à remercier Dieu, il m'a tant protégé. Bien portant, de bons chefs, de bons camarades, bonne nourriture. Que désirer encore ?

Aussi, je remercie Dieu. Pendant les nuits interminables que nous passons dans les tranchées, *mon âme s'élève* bien souvent vers lui pour répéter : merci.

Vous me demandez si nous mangeons chaud dans la tranchée.

Voici. Le matin, les cuisiniers apportent le pain, un quart de « jus » par homme, deux quarts de soupe, le tout est tiède ou froid, car la cuisine se fait à l'arrière.

Mais comme nous sommes à proximité du château « d'Herentage », fort malmené par la mitraille, nous allons y prendre du bois, des débris de poutres pour réchauffer la soupe, le café.

Je vous embrasse bien fort.

2 mars, Ypres.

Bien cher Monsieur le Curé,

J'ai reçu votre lettre dans la tranchée. Je l'ai lue au clair de lune. Comme je vous remercie de ne pas m'oublier dans vos prières ! Je vous assure que nous en avons besoin. Il y a des heures bien dures. Et c'est dans ces heures qu'il est doux d'abandonner son âme aux mains de Dieu, de songer que là-bas on prie pour vous.

Aujourd'hui, je suis au repos à Ypres. Ce matin, j'ai servi la messe au sergent. *Confession, communion.* Je fais ainsi aussi souvent que possible, puis je m'en vais tranquille à la tranchée, plus fort devant le danger. Tranchées pleines d'eau. Le 19, attaque allemande engagée sur la route de Menin à Ypres.

Plusieurs camarades tués, beaucoup de blessés. Notre 75 a fait un vrai carnage. Les Allemands sautaient en l'air comme des feuilles dans le vent. Un bataillon de six cents hommes est resté sur le terrain. Pendant les deux jours passés hors de nos tranchées perdues — maintenant reconquises — il a fallu occuper les tranchées de réserve, de l'eau jusqu'aux genoux. Peu agréable. Je vais bien, sauf mes deux pieds à moitié gelés. Ils vont mieux. Je ne songe guère à me plaindre.

Votre chantre qui vous aime toujours bien,

Louis Léculier.

9 mars.

Chers parents,

J'ai reçu votre colis. Merci. J'ai pu changer de chaussettes. Bien content surtout de trouver ma médaille de *Lourdes*. Elle me rappelle de bien doux souvenirs. Je suis toujours *à l'infirmerie* pour mes pieds gelés.

10 mars.

Encore à l'infirmerie. Mes pieds ne me font plus guère souffrir. Il est étonnant que le nombre de malades ne soit pas plus grand. Mais aussi, on nous soigne bien.

Bottes de caoutchouc — une paire par section — pour circuler dans la tranchée, une couverture pour chacun, une toile de tente bien précieuse quand il pleut. Nous la mettons sur nos épaules. Cela remplace presque les manteaux imperméables, bien que l'eau perce un peu.

J'ai reçu votre colis, trouvé la *médaille* dans le sac de

bonbons. D'ailleurs, j'avais déjà acheté d'autres médailles à Ypres ; mais je suis très heureux d'avoir la vôtre.

Vous me dites, chère maman, de rester bien sage, bien sérieux. Soyez tranquille. Ah ! comme il est bon, dans les heures pénibles, de croire en Dieu. N'est-ce pas lui qui nous soutient, qui nous garde ? Aussi, tous les jours, je le remercie, ainsi que la Sainte Vierge ; elle aussi veille sur moi. Donc, confiance ; priez toujours pour moi, pour nous tous. J'ai le ferme espoir qu'un jour nous nous reverrons tous, et ce jour-là nous serons bien heureux.

11 mars.

Encore à l'infirmerie pour deux ou trois jours. Mes pieds vont beaucoup mieux.

Vous me dites que si je reviens nous irons faire un pèlerinage à *Lourdes* en action de grâces. Ah ! ce jour-là, tous réunis, nous serions bien heureux. Mais cela ne se peut que si c'est la *volonté de Dieu*. En attendant, nous ne pouvons que le prier, le remercier. Espérons qu'il me gardera jusqu'à la fin.

Envoyez-moi des cartes de correspondance.

Temps brumeux et froid. Comme je ne suis pas loin d'une ferme, je puis avoir du lait à quatre sous le litre.

Il ne vaut pas celui que maman me donnait le matin en venant de traire les vaches ; mais ça ne fait rien.

Votre fils et votre frère qui vous aime bien.

14 mars, Ypres.

Un mot à la hâte. Je quitte l'infirmerie pour rejoindre les camarades à la tranchée. Mes pieds sont à peu près guéris.

Le ciel est brumeux, mais il fait doux comme aux jours de printemps. Il doit en être ainsi chez nous.

Quels travaux faites-vous maintenant ? Donnez-moi des détails dans la prochaine lettre, ainsi que sur les camarades qui sont au front.

Votre fils et frère qui vous aime et pense bien souvent à vous.

Louis.

Une dernière lettre, datée du 16 mars, arrivait aux Deux-Fays. Puis ce fut le silence. Le 16, quelques heures après avoir écrit sa lettre, Louis tombait frappé à mort de deux balles à la tête. La mort avait été instantanée.

Voici cette dernière lettre. Une carte postale militaire rouge sang, deux drapeaux tricolores et, en exergue, deux mots : *Vive la France!* Comme les autres lettres, cette carte est écrite au crayon, tachée de gouttes de pluie... et maintenant de larmes.

Mardi 16 mars 1915.

Bien chers parents,

Deux mots à la hâte. J'ai reçu votre lettre hier soir en arrivant dans la tranchée. Je sors de l'infirmerie. Depuis quelques jours, pas de pluie, mais le ciel est bas, le temps brumeux. Santé bonne. Je vous embrasse bien fort.

Louis Léculier, 32ᵉ d'inf., 1ᵉʳ bat., 3ᵉ comp.

C'était le baiser de l'adieu. Deux ou trois heures après, sous le ciel bas, dans la brume, Louis tombait, au bord de sa tranchée, sur la terre belge qui garda son corps. Quelques semaines plus tard, une lettre arrivait à M. le Curé des Deux-Fays. M. l'abbé Ratte, sergent-major au 32ᵉ, envoyait quelques détails attendus avec impatience sur la mort de son jeune ami.

7 avril 1915.

Monsieur le Curé,

Votre paroissien, Louis Léculier, a été tué le 16 mars, dans la tranchée, par deux balles qui sont venues le frapper à la tête au moment où il exécutait un travail de terrassement pour consolider la tranchée.

Louis était un « excellent » jeune homme, parce que excellent chrétien. C'était un de nos meilleurs soldats de la compagnie, très estimé des gradés, comme des soldats, et il laisse à la compagnie des regrets unanimes...

Ma lettre a été interrompue à plusieurs reprises. J'en étais là quand j'ai reçu une lettre de la mère de Louis. Elle me dit qu'elle ne reçoit plus de nouvelles et qu'elle craint un malheur. Écrivant à la date du *Vendredi saint*, elle me dit : « *S'il est arrivé un malheur à Louis, ne nous le cachez pas. Nous pleurons, en ce jour, avec la Sainte Vierge, au pied de la Croix.* »

La mère et le fils sont dignes l'un de l'autre. La mère était bien chrétienne. Louis aussi était le jeune homme, assez rare aujourd'hui, le jeune homme vraiment chrétien.

C'était mon servant de messe attitré, et plus d'une fois, à Ypres, il s'est levé de grand matin, bien que très fatigué, pour venir servir ma messe. Je n'ai trouvé personne à la compagnie pour le remplacer. Louis est donc tombé, frappé par deux balles de mitrailleuse, tandis qu'il réparait la tranchée, le 16 mars, *à neuf heures du matin*.

Il venait de quitter l'infirmerie le matin même, à 4 heures, et il arrivait aux tranchées à 5 heures du matin, avec les cuisiniers, car dans ces tranchées (que nous occupions depuis huit jours) on ne pouvait arriver que de nuit. On y allait à terrain découvert. Pas de communication de jour entre la tranchée et le poste de commandement où je me trouvais. Je n'ai donc pu me rendre auprès de lui au moment de l'accident. Je n'ai appris sa mort que le soir à 6 heures.

La mort a été instantanée. Louis n'a pu adresser une parole à ses camarades. Mais la mort ne l'a pas surpris, car il était *toujours prêt*. Il s'était *confessé et avait communié* au pensionnat Saint-Joseph à Ypres, quelques jours auparavant. Il avait *offert depuis longtemps sa vie à Dieu*, si la chose lui était agréable.

Au dire de tous, c'était un des plus braves de la tranchée et n'avait *pas assez peur des balles*.

Le soir de la mort, à 6 h. 30, je me suis rendu dans la tranchée pour bénir la tombe et prier pour le repos de son âme.

Son adjudant, les deux sergents et les quelques hommes qui pouvaient assister à la cérémonie sans que le service de surveillance en souffre, étaient là, auprès de lui, priant avec moi de tout leur cœur pour l'âme de leur cher camarade et la consolation de ses bons parents.

Louis a été enterré à 2 mètres en arrière de la tranchée où il est tombé. A cet endroit, la tranchée française est à 150 mètres de la tranchée allemande.

La veille, un autre jeune homme du Jura, de la ferme de Champigny, sur les monts de Salins (classe 1914 aussi) était tombé dans la tranchée frappé par une balle à la tête.

Ils ont été enterrés à peu près au même endroit. Je connais très exactement l'emplacement de leur sépulture.

En ce moment, le secteur que nous occupions à la mort de Louis se trouve occupé par les Anglais. Nous avons quitté les tranchées d'Ypres le 26 mars.

J'ai recueilli sur Louis 10 francs, un carnet de notes, une certaine quantité de lettres contenues dans un portefeuille.

Une croix marque l'emplacement de sa tombe. Il est enterré à droite de l'étang qui borde le château d'Hérentage.

Chaque fois que je célèbre la Sainte Messe, je prie pour le repos de l'âme de notre ami au *memento* des morts.

A. RATTE, *prêtre*.

La Messe du *mercredi de Pâques*, célébrée dans l'église des Deux-Fays pour le repos de l'âme de Louis, s'ouvrait par ces paroles :

« *Venite Benedicti... Venez, vous que mon Père a bénis : prenez possession du Royaume qui vous a été préparé dès l'origine du monde. Alleluia! chantez au Seigneur un cantique nouveau. Que toute la terre chante le Seigneur.* »

Louis est entré dans le Royaume de ceux que le Père a bénis... Il a chanté le cantique nouveau. Que sa prière hâte pour la France l'heure où son âme renouvelée chantera l'*Alleluia* de la Résurrection... après celui de la victoire.

III

Jeunesse Nouvelle

Saint-Amour (Jura).

25 *août* 1915. — La roulotte se réorganise. La thèse, l'antithèse, la synthèse. Nous voilà revenus à notre point de départ, à tout l'appareil du mois d'août 1914.

Saint-Amour !... Un amour de petite ville blottie sous les pins du Jura, qui lui font une couronne d'éternelles verdures, traversée de ruisseaux d'eaux vives glissant, avec des chansons, vers la plaine de Bresse. Au bas des anciens remparts, une tour noire avec des allures de « carcere duro », ou de burg féodal démantelé, la tour de *Guillaume de Saint-Amour*.

C'est là, à la lumière pauvre des meurtrières étroites, que le vindicatif chanoine, exilé de sa chaire de Sorbonne, frappé par les foudres de l'Église, en appelle du Pape mal informé au Pape mieux informé,, rédige, à grand renfort de textes de l'Écriture, le procès des Ordres mendiants, le plaidoyer pour l'Université menacée dans son monopole.

Saint Thomas, Albert le Grand, saint Anselme rompent des lances contre le fougueux Sorboniste, qui finit par les ranger tous parmi les précurseurs authentiques de l'Antéchrist, dont la venue prochaine est rendue évidente par cent textes de Jérémie, d'Isaïe, de l'Apocalypse. Pendant des années, le bruit de cette querelle remplit le monde, passionna les Universités. Puis, le tumulte des batailles tomba, s'évanouit... comme tombera tout le bruit qui maintenant emplit le monde. *Homo bulla est.* Pauvres bulles de savon !

Le célèbre Docteur, dont la popularité éclipsa un instant la gloire de saint Thomas, fut enterré au pied de la tour carrée de l'église, comme il cherchait quelque nouveau « distinguo » qui lui permit de s'affirmer Romain tout en infirmant le jugement de Rome. Heureusement, le cœur valait mieux que l'esprit. Il mourut, pleuré comme un père par tous les pauvres de la ville, dont il s'était constitué la providence, à qui il léguait un hôpital où les bonnes Sœurs soignent aujourd'hui une douzaine de petits vieux, une quinzaine de soldats blessés.

Cinq heures du soir. — La petite cloche de l'hôpital sonne le salut du Saint Sacrement.

« Nous entrons ? propose le pasteur protestant X...

— Entrons. »

Chemin faisant, je m'arrête devant un vieux portrait de Guillaume de Saint-Amour. Figure fine, au profil allongé, deux grands yeux noirs, profonds, où brûle une flamme ; la lèvre sceptique, se retrousse en un pli rancunier...

Dans la petite chapelle, le Saint Sacrement est déjà exposé. Les blessés sont assis au pied des degrés de l'autel, leurs béquilles sur les genoux. Par les deux grandes verrières, ouvrant sur les dortoirs, on aperçoit les blessés qui n'ont pu se lever, étendus sur leurs couchettes blanches, les mains jointes, les yeux sur l'ostensoir. A la tribune, les religieuses entonnent le *Da pacem, Domine.*

Les notes descendent pures, ainsi que des gouttes de lumière, épanouies, vibrantes, s'envolant sur des ailes d'harmonie. Nous courbons la tête dans un frisson. L'ostensoir d'or se lève.

On sort. Le pasteur X..., un peu pâle, murmure :
« Le chant des Anges ! »

Un jeune.

Six heures du soir. — Je me promène sous les vieux tilleuls de l'hôpital avec mon ami.

Je l'appellerai *Jean* ; un jeune caporal de la classe 1914, amputé du bras droit, grand, moustache naissante, deux yeux clairs où on lit ; le moignon coupé est soutenu par une écharpe.

« Ça va bien, Jean ?

— Merci, mon Père. Ça se cicatrise peu à peu. Dommage que je me sois fait pincer le bras droit. Impossible de jouer du piano. Mais je commence à écrire de la main gauche et on va me faire une main de cuir ; très chic, inutile de mettre des gants. »

Les ifs et les cyprès du cimetière sont devenus pourpres dans la lumière du soir. Une rosée de sang descend sur les sommets du Jura, glisse sur les lavandes brûlées.

« Au fond, poursuit Jean, je suis heureux de cette blessure. Elle m'a fait voir la vie sous un autre jour, le vrai ; jusqu'ici, j'étais un enfant... »

Je proteste : « Oh ! un enfant !

— Mais oui.

— Vous communiez tous les jours ?

— Oui, depuis la guerre.

— Depuis la guerre ; c'est assez singulier.

— Pas du tout. Je me trouvais si seul dans les tranchées du Bois-le-Prêtre ! On a écrit l'histoire des gloires de la tranchée. Mais vous savez très bien qu'à côté de cette histoire il y a l'autre aussi. La souffrance physique se supporte, mais la souffrance morale ! Remarquez bien que je comprends et que j'excuse bien des misères. J'ai eu, moi, une famille profondément chrétienne. Cela crée une sensibilité, une délicatesse d'âme qui manque à plusieurs. J'ai cherché un compagnon. J'ai trouvé

Notre Seigneur. Avec la communion quasi quotidienne, j'ai cessé d'être seul et je n'ai plus eu grand mérite à regarder la mort en face sans émotion. Je n'avais jamais joui d'une pareille paix, d'une sérénité aussi absolue. »

*
* *

La nuit vient lentement. Dans les champs de trèfle et de sarrasin, les criquets commencent la chanson du soir.

« D'ailleurs, ce courage-là, poursuit Jean, le courage physique est peu de chose.

— Peu de chose; qu'entendez-vous par là?

— Mais oui, mon Père, on peut le trouver dans de grandes âmes, on peut le trouver aussi chez des gens à peu près incapables d'un effort moral. A l'heure de l'assaut, tout se simplifie. On ne réclame pas votre avis, votre adhésion. On commande : « En avant! » Et il n'y a qu'à aller en avant. Il y aurait plus de danger à rester là qu'à avancer. Le vrai courage, c'est celui qui n'a pas besoin d'un ordre, pas plus qu'il n'a besoin de témoins; celui qui marche au devoir, quel qu'il soit, simplement parce que c'est le devoir, autrement dit la volonté de Dieu. Ça, c'est le courage moral, le courage intellectuel, le courage de la paix.

— L'un et l'autre sont nécessaires, Jean.

— Oui, mais le dernier davantage. Le premier est

nécessaire aux heures de crise, le second toujours. Le premier envoie les ouvriers réparer, au péril de leur vie, les brèches de la maison ébranlée; le second crée les ouvriers consciencieux, ceux qui bâtissent les maisons durables... Le vrai devoir national, c'est de devenir ces ouvriers-ci. A quoi bon la victoire, à quoi bon tant de sang, si tout cela n'aboutit qu'à retarder de quelques années l'agonie du pays?

— Mais, Jean, ces hommes de demain, ces bons ouvriers, la guerre les prépare. Parmi tant de soldats, d'officiers, en qui la guerre a fait jaillir des sources d'héroïsme, manifesté des aptitudes de meneurs, beaucoup se souviendront de la rançon payée et ne voudront pas la rendre nécessaire une seconde fois.

— Je l'espère, mon Père. J'ai eu avec un de mes condisciples de la Faculté catholique de Paris, maintenant officier, avec plusieurs officiers de ses amis, de longues conversations, le soir, dans nos abris du Bois-le-Prêtre. Eux aussi, à l'école de la mort, avaient appris le prix de la vie. Et nous agitions des plans de relèvement social dont l'article premier, l'article unique d'ailleurs, était de refaire à la France une âme chrétienne... Oui. Alors les berceaux se multiplieront, alors notre *réputation* dans le monde, que notre littérature, notre théâtre, nos arts, nos dissensions avaient en partie ruinée, redeviendra ce que demandent nos intérêts. On nous respectera comme on respecte les forts.

— Et vous allez continuer à communier tous les jours, Jean, quand vous serez rentré à Paris ?

— Évidemment. Je me mépriserais trop d'agir autrement. J'ai eu besoin de Notre Seigneur, je lui ai demandé de me tenir compagnie dans la tranchée. Il l'a fait. Et maintenant que je suis loin du danger, je lui donnerais congé ? Avouez que ce ne serait pas chic. »

Au-dessus des ogives noires des tilleuls, les étoiles s'allumaient une à une.

« A demain, Jean, vous allez avoir froid.

— Oui, mon bras commence à me piquer. Au revoir, mon Père. »

IV

De l'ossuaire de la Marne au front de Champagne

Dimanche 26 septembre 1915. — Les communiqués entonnent un chant de triomphe.

Enfin! Enfin! L'étau se desserre. Un souffle d'immense espérance passe sur la France. M. le chanoine V..., professeur au Grand Séminaire de S..., que je rencontre dans les rues de Damblain[1], revenant de la corvée de pommes de terre, dépose son sac pour me serrer les mains avec transport.

« C'est la victoire... La vraie. En Artois, en Champagne, la première ligne des défenses ennemies est enfoncée, ses troupes refoulées sur une profondeur de 4 kilomètres, sur un front de 25 kilomètres. Avec cela, 20.000 prisonniers dont 300 officiers, 70 canons, un grand nombre de mitrailleuses tombés entre nos mains. »

M. le chanoine recharge son sac et suit son caporal, un coiffeur de Béziers.

A 6 heures, nous partons pour le camp de Châlons, par l'ossuaire de la Marne.

1. Vosges.

Lundi 27. — Je me réveille à *Revigny*. Les sommets de l'Argonne se couvrent des ors de l'automne. Le brouillard de la nuit se résout en pluie fine, froide. Les ruines que je traversais, voilà un an, disparaissent maintenant sous les végétations nouvelles. Des tournesols épanouissent leurs larges étoiles parmi les décombres. Les lierres, les ronciers, les chèvrefeuilles dissimulent les blessures des murs, jettent un manteau de verdure sur les pierres calcinées. Et nous voilà, sur les rives de la Marne, parmi les tombes des héros. Elles vont nous faire un cortège continu jusqu'aux terres de la victoire.

Sermaize. — Ici s'enfonça le coin qui divisa les armées ennemies. Quelques maisons, sous les peupliers et les trembles, dominées par une haute cheminée d'usine. C'est la raffinerie de Sermaize. Sous ses murs, dans les champs coupés de canaux, semés de boqueteaux de saules et d'aulnes, les tombes s'alignent uniformes entourées de grillages de bois. Une croix de deux lattes où flotte un képi, un petit drapeau aux couleurs effacées, un papier où fut écrit un nom. Quelques tombes ont plus d'allure. Une plaque de cuivre ou de laiton avec un nom gravé, une croix de fer forgé qu'embrassent les plis d'un drapeau neuf, des fleurs que les premières gelées n'ont pas encore fanées : tournesols, dahlias, verveines des champs. Les tombes se creusent jusqu'aux bords des tranchées abandonnées, érigeant leurs croix en sentinelles silencieuses du sol conquis.

Pargny-Blesmes.

Des enfants jouent parmi les ruines, chantent au bord des tombes. De longues maisons de bois, bâties par les soldats, abritent les habitants revenus après la rafale. Seules, les hirondelles sont demeurées fidèles aux vieilles murailles et ont bâti leurs nids au bord des corniches croulantes.

Vitry-le-François.

Des trains de prisonniers se succèdent. Des pointes de casques sortent par les embrasures des wagons à bestiaux. De bonnes figures placides, inertes, un peu ahuries, des yeux inquiets considèrent le va-et-vient des braves G. V. C. défilant sur le quai, baïonnette au canon. Pas un mot, pas un cri. Un silence lourd. Il y a un an, ces hommes hurlaient « la Marche du Rhin » dans les rues de Vitry, au milieu de tonneaux défoncés.

Nous suivons la Marne dont les eaux semblent immobiles sous les roseaux et les hautes graminées. La plaine, par instant, prend l'aspect d'un large marais d'où émergent quelques îlots.

C'est dans cette boue, dans ces prairies inondées, dans ces bas-fonds de vase, que nos pauvres soldats durent livrer les combats décisifs. Et voici leurs tombes dont la croix seule émerge des eaux.

Châlons-sur-Marne.

Le train s'enfonce dans la Champagne crayeuse.
Bouy, minuit. — Nous arrivons. Le camp de Châlons s'étend devant nous, grande plaine nue, coupée de petits bois, de monticules blancs pareils à des amas de chaux.

En face, à quelques kilomètres, vers Suippes, Souain, la bataille fait rage. Un tonnerre continu avec des hurlements, des aboiements de mitrailles.

Des lueurs rouges flambent dans le ciel noir, courent sous les nuages. Les fusées allemandes montent brèves, éblouissantes, suivies du flamboiement plus prolongé des fusées françaises.

Toute une escadrille de ballons captifs se penche dans la fumée de la bataille avec des allures de lourdes larves jaunes, allongées, à grosse tête.

Le quai, improvisé par le génie, n'est plus qu'un fleuve de boue blanche où se mêle le défilé continu des brancards, des voiturettes d'ambulance, des fourgons gorgés d'obus.

Tout un village de planches, portant le fanion de la Croix-Rouge, s'ouvre à la houle des blessés.

Nous gagnons un immense hangar où sont réunis les grands blessés étendus sur les paillasses des chevalets.

L'ambulance n'ayant pas de brancards à nous donner en échange des nôtres, nous devons procéder au transbordement, toujours délicat, des blessés du chevalet au brancard.

Nous approchons la couchette de toile en l'inclinant vers le blessé. Soulever le patient serait à la fois très douloureux et périlleux. Le mieux est encore de l'aider à se glisser lui-même sur le brancard.

« Allons, mon vieux, pourrais-tu t'aider un peu ? Voyons, où est ta blessure ? La cuisse. Bien. Embrasse mon cou de tes deux bras. Mon compagnon va soulever un peu, très doucement, la jambe malade.

— Non, touchez pas, touchez pas.

— Pauvre ami, aies pas peur. Une fois sur le brancard, ça ira tout seul, tu seras là comme dans un lit. Voyons, si tu pouvais te retourner, te glisser jusqu'au brancard. C'est ça, les épaules d'abord, le reste suivra. On va t'aider. »

Après quelques essais infructueux, le blessé arrive à se glisser sur notre brancard. On l'enveloppe d'une couverture. Et en avant !

Les lueurs de la bataille tombant du ciel nous éclairent. Nous voilà devant le train, la voie est surélevée. Il faut enlever les brancards à bout de bras : « Envoyez. »

Maintenant la besogne délicate. Il s'agit de

hisser mes douze blessés jusqu'à leurs hamacs de bois et de fer.

Ouf! voilà mes enfants installés, le poêle brûle, les couvertures de laine sont chaudes, sur les parois du fourgon mon petit crucifix ouvre ses bras. Le bouillon chaud arrive et j'ai des cigarettes pour tous. Sur ces figures jaunes, tirées, creusées par la souffrance, il y a maintenant un sourire. Les blessés se reconnaissent, échangent leurs impressions d'hier, c'est déjà comme un souvenir lointain : la cuvette de Souain, le trou Bricot. Pas de mots héroïques, pas de phrases à panache, mais l'impression de détente heureuse du laboureur qui rentre des champs après une rude journée.

J'interroge un brave poilu : « Où étais-tu hier, quand tu as été blessé ?

— Sais pas. Par là... Il y avait un bois où les Boches étaient entrés. On les croyait tous morts dans leurs tranchées. Le canon y tapait depuis six heures. Ils avaient fiché le camp dans le bois. Alors, quand nous sommes arrivés pour occuper leurs tranchées, les mitrailleurs nous ont démolis comme des lapins. Voilà.

Mardi 28 septembre, vigile de saint Michel. — Le chargement a duré jusqu'au matin. Nous partons les yeux pleins de sommeil.

« Monsieur l'abbé... Vous ne pourriez pas tirer un peu mon pied ? »

C'est un jeune instituteur, la jambe traversée d'une balle.

« Voilà, mon ami. Ça va ?

— Oui, merci. »

Un instant, nouvel appel du même.

« Voudriez-vous relever un peu mon pied... le tourner à droite ? »

Dans dix minutes ce sera à gauche. Pauvre petit.

Il m'appelle de nouveau.

« Vous n'auriez pas un livre à me prêter ? »

Je lui passe *L'Heure du Sang*.

Une heure après :

« C'est vous, Monsieur l'infirmier, qui avez écrit ce livre ?

— Oui.

— Ça, c'est une bonne action. Vous nous avez prêché la fraternité. »

Et il se met à siffloter la chanson des vitriers.

Épernay.

J'écris les lettres des blessés.

« Ma chère maman,

« Faut pas vous faire du chagrin, y en a de plus amochés que moi. Rien qu'une petite histoire au bras. Je vous écrirai dès que je serai arrivé à l'hôpital... »

Cinq heures du soir. — Nous voici à Paris, gare de *La Chapelle*. Les blessés affluent par milliers.

Rien d'étonnant à ce que le ravitaillement se fasse attendre et que notre débarquement soit remis à demain. Mais comment faire comprendre aux blessés?

Dans l'immobilité, les souffrances endormies par le roulement du train se sont réveillées.

« Mon Père, maman. Au secours! je meurs. »

C'est le n° 7, un petit Breton tordu par des douleurs intestinales.

Heureusement, j'ai toujours dans mon sac un flacon d'élixir parégorique.

L'instituteur ne tient plus en place. Les blessés gémissent.

A la lumière du quinquet, mon crucifix de métal brille sur la paroi noire du wagon.

Un petit sergent de chasseurs à pied, demeuré calme et souriant pendant tout le voyage, me regarde avec un bon sourire.

« Si tous ces contre-temps ne servent pas à autre chose, ils devraient au moins servir à nous enseigner l'abnégation... Voudriez-vous me prêter un livre pour passer le temps?

Je lui donne le *Messager du Cœur de Jésus*, il lit *Le Train Rouge*.

Mercredi 29, fête de Saint-Michel. — *Neuf heures du matin.* — Enfin, on va débarquer. Le train se range le long du quai de l'ambulance.

Les brancards défilent, au milieu d'une foule

curieuse, journalistes, députés. On fait causer les blessés, on prend des notes pour l'article du soir. Le rédacteur d'un grand quotidien de Paris est là, ses gants à la boutonnière. Je lirai son article demain. Il nous fera passer un bon quart d'heure.

Nous avons à peine débarqué nos blessés... On siffle. En voiture. En voiture ! Il faut partir, céder la place à d'autres trains.

« Oui... mais notre matériel !

— En route. »

Saint Michel, priez pour nous. Le bénêt, qui prend là-bas des notes pour son article, prétendra demain qu'on n'a pas besoin de vous pour assurer la victoire, que c'est faire injure à nos héros de l'offensive de Champagne que de vous attribuer une part de la victoire remportée, au cours de votre neuvaine.

Non, saint Michel, nos soldats ne se formaliseront pas autrement de vous avoir pour compagnon d'armes. Ils en seront très flattés, et ils savent — ce qu'ignore ce pauvre homme — qu'il reste encore du travail pour tout le monde.

V

Le Camp de Châlons

Jeudi, 7 octobre 1915, solennité du saint Rosaire.
— Quatre heures du matin. Le train stoppe en plein camp de Châlons, à *Bussy-le-Château*, au centre du triangle : Bouy, Suippes, Valmy.

Un tableau de Fenimore-Cooper.

Dans l'immense plaine nue où frissonnent quelques peupliers aux écorces rongées par les chevaux, une ville vient de surgir, que les chariots du génie emporteront dans quelques jours à la suite des armées.

Sur le sable et la marne, des traverses de bois ont été jetées, des rails fixés. C'est par cette voie improvisée que nous arrivons.

Des rues à angle droit, bordées de maisons de planches aux larges auvents. Les toitures grises de papier goudronné s'alignent interminables.

Aux carrefours, des fontaines ont été creusées, des *jardins* dessinés, où de minuscules sapins ouvrent leur éventail au-dessus des gazons naissants. Pas de noms de rues, mais des inscriptions, des enseignes à profusion : Triage, Pansement,

Opérations, Blessés assis, Blessés hospitalisés, Blessés évacués, Administration, Armement, Équipement, etc.

Ici, une forêt de cheminées de tôle. Le quartier des cuisines. Tout près, l'ambulance chirurgicale automobile, puis la foire de Pantin, la cour des Miracles ; tout un campement bariolé, hétéroclite : tentes et terriers aux toitures multicolores, faites de pièces et de morceaux, de débris de caisses, de boîtes de singe, de couvertures et de toiles de tente. Un cuistot passe, le jus dans son mouchoir, tandis qu'autour d'un feu de bois, des soldats, le torse nu, se lavent à grande eau.

Voici les blessés. Tout un convoi d'automobiles grises offertes par la colonie Argentine. Puis, l'interminable cortège des blessés « marchants ». Ils descendent par la route de Suippes appuyés sur des bâtons, se tenant par le bras, par le cou, s'arrêtant pour souffler, hâves, blancs de craie, noirs de poudre, les yeux creusés, se rangeant au passage des cuisines roulantes dont la cheminée fume avec une bonne odeur de rata.

« Un morceau de pain, s'il vous plaît. »

Je trouve un croûton de pain dans ma poche. Il le dévore. J'indique les cuisines qui montent vers les tranchées.

« Le ravitaillement ne se fait donc pas ? »

— Si. Mais on n'a pas le temps. Et puis, on ne

peut pas. Voilà trois jours que j'ai rien mangé. On est comme fou. »

Je comprends. Depuis notre arrivée, une canonnade enragée, folle, nous secoue, la tête sonne comme un grelot. Est-ce la poudre, les gaz d'éther filtrant par les fenêtres de gaze des ambulances, ou les gaz lacrymogènes emportés par les vents des hauteurs de Souain et de Tahure ? Nos yeux pleurent.

« Et puis, poursuit le blessé, on est maintenant en plein charnier des tranchées allemandes. Je suis resté couché pendant des heures au milieu de tas de cadavres d'un mois, dont les rats venaient ronger la cervelle et les intestins. »

Les « Sidis ».

Nous chargeons. Voici d'abord un convoi de « Sidis » : tirailleurs algériens et marocains.

Des cris, des lamentations, de grands gestes, des invocations :

« Allah ! Allah ! »

L'officier m'appelle.

« Voulez-vous aller voir au wagon n° 1 ? Il y a un Marocain qui crie comme une femme brûlée. »

J'arrive. Mohamet est là, sur le plancher, se démenant comme un beau diable, arrachant les pansements de son bras. Il est descendu du brancard où on l'avait hissé.

« Moi, jamais rester là. Y a pas bon. Allah ! Moi mourir. Toi couper bras à moi. »

Il mord à belles dents l'épaule blessée.

Je le caresse, lui donne des tapes amicales.

Il hurle, se roule sur le plancher.

J'étends une paillasse à côté de lui, l'aide à s'y étendre.

Un blessé boche passe devant le fourgon. Sidi aperçoit son casque, se redresse.

« Toi aider. Moi lui couper tête. »

Le blessé s'éloigne. Maintenant, Mohamet est à genoux invoquant Allah !

Dans le fourgon voisin, une demi-douzaine de Sidis font un tapage infernal.

« Y a pas bon. Moi mourir. Moi pas monter là. »

Qu'allons-nous faire de ces oiseaux ?

Une piqûre de morphine. Oui, mais le petit instrument ne dit rien qui vaille à Sidi.

« Ça, y a pas bon. »

Enfin, nous arrivons, après force caresses, à l'apprivoiser, à lui faire une injection. Le voilà calme, la tête enveloppée dans sa couverture. Il se réveillera au soleil levant, pour faire, à genoux, sa prière à Allah.

Nos Boches.

Après les Sidis, les boches. Et d'abord, prière de ne pas les mélanger ; il y aurait des incidents.

Nos pensionnaires en bottes défilent, muets, inertes.

L'un d'eux pourtant, un solide gaillard, a un rire provoquant :

« Soyez tranquilles. J'en ai tué mon compte. »

Un brancardier rasé s'approche, les poings serrés.

« Répète un peu, pour voir. »

Le blessé se tait, mais garde son sourire.

Mon voisin G..., qui a fait la campagne de l'Yser, va lui faire passer le sourire. On lui a confié six boches.

J'entre dans son fourgon. Une insupportable odeur de suint, de suif, me saisit à la gorge. L'odeur caractéristique du blessé allemand, due à l'imperméabilité des habits, qui ne permet pas l'évaporation de la sueur.

G... est en pleine période oratoire. Debout, au milieu du fourgon, en bras de chemise. Un blessé vient de descendre de son brancard, cherchant la porte, tandis que l'infirmier tournait le dos.

D'un geste, G... l'a ramené à son poste et cette tentative d'évasion a déchaîné son éloquence. Je l'écoute, tandis qu'il agite ses longs bras osseux, les manches retroussées.

« Vous entendez, mes six c..., s'il y en a un qui bouge encore, je lui casse la g... Crac... comme un œuf pourri... Savez, c'est pas à moi qu'on la fait... Entendez ?

« Et, d'abord, on va vous fouiller, rapport aux couteaux.

— Infirmier, le pistolet. »

C'est un boche qui a interrompu l'orateur, pour lui réclamer un des ustensiles essentiels de la vaisselle intime. Et voilà le dompteur qui repart.

« Ah! tu connais le français, mon coco ; eh bien! tu expliqueras à tes copains. Retournez-moi vos poches.

Un boche crache sur le plancher.

« Toi, si tu continues à graillonner sur mon parquet, t'auras des pastilles Géraudel de ma fabrication. »

Toute la nuit, la grosse voix du dompteur nous arrive. Je vais voir de temps à autre. Les boches sont silencieux. La plupart refusent toute nourriture, font semblant de dormir.

Dans d'autres wagons, il y a un peu plus d'expansion. Les infirmiers me communiquent les réflexions de leurs pensionnaires.

Ici, c'est un jeune aspirant officier, confié à un prêtre-infirmier avec huit autres blessés allemands.

L'infirmier l'interroge :

« Et la victoire ? L'escomptez-vous toujours ?

— La victoire, la victoire, répond l'aspirant. Nous ne savons pas ; mais vous ne savez pas plus que nous. Dieu sait... J'arrive de Sommepy.

« Votre artillerie est terrible, vos soldats magnifiques ; oui, de vrais soldats. Les Russes et les Italiens, ça ne compte pas. Il y a quinze jours, j'étais sur le front russe.

— Avez-vous séjourné en France ?

— Oui, quelque temps, à Nancy ; je suis élève ingénieur.

— Et vous, Monsieur l'infirmier ?

— Moi, je suis prêtre.

— Protestant ?

— Non, catholique.

— Ah ! moi, je suis protestant ; mais nous sommes tous les deux chrétiens.

— Quel état d'esprit en Allemagne ?

— Une grande lassitude. Beaucoup de tristesse. Il n'y a plus de fêtes. La guerre est longue,... longue.

— Y a-t-il encore de l'or ?

— Oui ; j'ai 2.000 marks en or chez moi.

— Et l'empereur, l'aime-t-on toujours ? »

L'aspirant a pris un ton énergique.

« Oui, toujours. Le kaiser et la patrie, c'est tout un. Chez vous, on peut aimer la France et détester son gouvernement. Chez nous, ce n'est pas ainsi. »

Comme on approche de Paris, l'aspirant se soulève sur son brancard.

« Monsieur l'infirmier, voudriez-vous ouvrir la portière ? Je n'ai jamais vu Paris. Je voudrais en voir quelque chose. Verrons-nous Notre-Dame de Paris et la basilique de Montmartre ? »

L'aspirant et ses camarades sont de tout jeunes gens. Vingt ans au plus.

On annonce qu'on va les fouiller pour leur retirer leurs armes.

« C'est inutile, dit l'aspirant, on l'a déjà fait ; mais je vais demander à tous mes camarades de vous donner ce qu'ils pourraient avoir encore. Vous pouvez compter sur moi. »

Il s'adresse aux blessés en allemand. L'un d'eux retire aussitôt de sa capote un couteau de poche et le remet à l'infirmier. On va débarquer ; les blessés remercient l'infirmier.

« Merci, kamarad,... kamarad. »

L'infirmier d'un train voisin vient compléter mon enquête.

« J'ai, dans mon wagon, un herr Professor blessé. Je l'interroge.

— Et le kaiser ?

— Le kaiser, c'est la patrie.

— Mais si vous êtes vaincus ?

— Et si c'est vous ? Qui peut prévoir ?

— Peut-être est-il possible de prévoir. La France, la Russie, l'Angleterre, ont encore des ressources en hommes, en argent. Nous pouvons tenir encore un an, deux ans, aussi longtemps qu'il faudra.

— Un an, deux ans. C'est impossible, dit le

professeur ; nous ne tiendrons jamais aussi longtemps. »

Nos officiers.

On m'a confié le wagon des officiers, ou plutôt un des deux wagons réservés aux officiers.

Nous voilà installés.

Un capitaine, un lieutenant de tirailleurs algériens à la chéchia rouge portant le croissant d'or, deux lieutenants d'infanterie, trois jeunes sous-lieutenants.

A peu près tous sortent des rangs.

Deux sous-lieutenants légèrement blessés sont assis sur leur cantine, à la porte du fourgon. Un de leurs amis hospitalisé à l'ambulance de Bussy vient les saluer.

« Quelles nouvelles ? Le colonel N... ?

— Tué.

— Le commandant ?

— Disparu.

— Le capitaine ?

— Tué.

— Les deux lieutenants ?

— Tués dans les tranchées de Tahure.

— Qui les a remplacés ?

— Oh ! remplacés !

— On avance ?

— Oui. Avant de me retirer, j'ai eu la joie de voir

les boches évacuer leurs tranchées. Alors, j'ai pris un bâton et je me suis traîné le long des boyaux jusqu'à l'ambulance. »

Un coup de sifflet.

« Qu'y a-t-il ? me demande le lieutenant de tirailleurs.

— La soupe des infirmiers.

— Et notre soupe à nous ? Nous avons faim. »

Leur soupe, ils l'auront à Châlons ou à Epernay. Je me fais mendiant. Le cuisinier consent à me donner deux gamelles supplémentaires de soupe. Cela fera un quart pour chaque officier. Un moment de silence, où l'on n'entend que le bruit des cuillers sur le fer blanc des gamelles.

« Ah ! Lucullus ne dîna jamais aussi bien, dit le lieutenant de tirailleurs. Mais Brillat-Savarin exige, après une bonne assiettée de soupe, un bon verre de vin. »

Brillat-Savarin en parle à son aise. Il reste un peu de vin au fond de mon bidon. Je vais pour remplir un quart.

« Mais, c'est votre vin, monsieur l'infirmier. Je n'accepterai jamais.

— Soyez sans sollicitude, mon lieutenant, je pourrai m'approvisionner à Epernay.

— Dans ce cas, merci, et à votre santé. »

※
* *

La nuit vient, nous démarrons. J'étends les couvertures sur les pieds des blessés, relève leur tête d'un polochon.

« Voudriez-vous me soulever un peu ? » demande le capitaine.

Je le soulève. A son cou, toute une brochette de médailles est suspendue, médailles du Sacré-Cœur, de la Sainte Vierge.

« Auriez-vous quelques livres à nous prêter ?

— Oui. Voici une *enquête* sur le théâtre de demain.

— Le théâtre ! Ce que nous nous en f...ichons.

— J'ai aussi les *Épopées africaines*, du colonel Baratier.

— Baratier ! Ah ! oui, donnez-nous cela. »

Sur le seuil, je m'entretiens avec les deux lieutenants. Braves gens, sans prétention, tous deux sortis des rangs.

« Votre bataillon a été bien éprouvé ?

— Il ne reste plus un seul officier. Moi, j'ai débuté comme caporal sous les ordres du capitaine qui est là. Un chic type. Hélas ! son frère, qui était sergent, a été tué hier. Le capitaine l'ignore encore. Nous n'osons pas l'avertir. »

Puis, s'adressant à son ami :

« Dis donc, tu peux encore remuer les bras, toi ? Je voudrais bien me laver les mains.

— Donne, je vais te laver, mon petit.
— Merci, petite maman. »

*
* *

Jusqu'à Tallerville, le train suit la voie improvisée par le génie.

Dans les sous-bois, des escadrons de cavalerie, des compagnies de cyclistes s'abritent sous des huttes de feuillages.

A un arbre, un poilu a suspendu une cage où tourne un écureuil.

Le canal de la Marne.

Des eaux vertes, aux transparences d'émeraude, sous l'or ardent des peupliers.

Une douceur infinie s'étend sur la plaine blanche, sur les champs de bruyère empourprés des rayons lointains du soleil qui décline. Des vols d'étourneaux en migration, passant avec un sifflement d'ailes, venant du Nord. Ils ont vu la bataille, les champs d'agonie. Que sera la plaine champenoise, quand ils nous reviendront au renouveau d'avril? Et toujours, toujours, la voix rageuse du canon, infatigable, sourde comme un vent d'orage, éclatante comme un crépitement de tonnerre, arrive, avec un rythme de marée, roulant sur les plaines.

Sept heures. — Mes blessés dorment, ronflent. C'est l'heure du chapelet.

Notre-Dame du Saint-Rosaire, priez pour nous.

La Ville Lumière

Paris.

8 *octobre*. — Des journaux! des journaux!
J'appelle un camelot. Un lieutenant lit les communiqués, dans l'*Écho de Paris*. Silence religieux.

A leurs yeux fiévreux, je devine les pensées.

Tout ce sang, tous ces sacrifices, auront-ils servi?

Oui. On a progressé au nord de *Tahure*, à l'ouest de la ferme de *Navarin*; plusieurs tranchées conquises sur l'ennemi.

On se tait. Faudra-t-il racheter d'un tel prix chaque pouce de terre française?

Dans son coin, un lieutenant se retourne sur sa paillasse. Je l'entends qui bougonne.

« Ah! si nous avions été prêts! »

Le lecteur continue. La *Bulgarie* contre la France. En Grèce, Vénizelos démissionne.

Il jette son journal. Silence lourd.

A l'horizon, les tours de la basilique de Montmartre se profilent sur le ciel.

En gare de La Chapelle.

Mes officiers sont les premiers débarqués.
Une longue poignée de main.
« Monsieur l'abbé, merci, merci, au revoir. »

Ils s'éloignent, couchés sur leurs brancards, appuyés sur un bâton fait d'une branche d'arbre. Je repasse dans ma mémoire les paroles, les gestes, les impressions de ce voyage et, soudain, je me sens au cœur une immense confiance.

***

Voilà quinze mois que l'immense tragédie se déroule.

Ces quinze mois, je les ai passés dans une situation exceptionnellement favorable pour instituer, sur l'âme de nos combattants, une large enquête. Les documents vivants, saignants, hélas ! et tout frissonnants encore des affres de la mêlée, je les ai réunis, au bruit de la canonnade, sur les fronts d'Alsace, de Lorraine, de Champagne. Pendant les longs jours et les longues nuits, j'ai écouté le cœur de la France héroïque, recueilli ses intimes vibrations.

Un livre s'est écrit, heure par heure, dans ma mémoire, dont je n'ai pu livrer que quelques épisodes.

Sans doute, dans ce livre, il est des pages tristes, des chapitres qu'il vaut mieux taire, mais combien d'autres sont pleins de pures beautés ! Invinciblement, je songe à la sublime simplicité de nos vieux poèmes, de nos chansons de gestes, aux chroniques de la croisade.

Eh! oui, la Croisade. Un peuple qui se livre pour la bataille, portant sur la poitrine le signe de sa foi, escorté, précédé, jusque dans la mêlée, de prêtres et de moines. Un peuple qui parle simplement, et meurt sans gestes, comme si tout l'avait préparé à vivre *naturellement* une vie d'épopée.

D'où est née cette France, à quelles sources s'est abreuvée la jeunesse rédemptrice de 1914-1916, où s'est-elle formée à cet Évangile de la Souffrance, dont elle pratique les préceptes sans toujours en connaître la formule ?

La source, je la connais bien, et tous les prêtres qui, pendant ces quinze dernières années, ont consacré le meilleur de leur temps, de leurs énergies, aux œuvres de Jeunesse, la connaissent aussi. Il suffit d'un peu de levain pour transformer, soulever la masse.

A vous tous qui, dans les Collèges, les Patronages, les Cercles, les Sociétés de sports, avez travaillé à façonner, pour la France, une jeunesse au clair regard, aux muscles entraînés pour les rudes besognes, à l'âme toute vibrante de fierté nationale et de fierté chrétienne, le pays, un jour, devrait tresser des couronnes de lauriers.

Comme j'écris ces pages, quelques lignes viennent de me tomber sous les yeux, qui résument bien ma pensée :

« Quand les historiens futurs réuniront, sur la guerre européenne, les documents d'ordre matériel et les documents d'ordre moral indispensables à leur œuvre, ils seront frappés par une constatation troublante. Ils constateront, en ce qui regarde la France, une *impréparation* matérielle évidente, mais aussi une préparation morale certaine chez les jeunes générations. Les Français n'étaient pas prêts, mais ils l'étaient du moins à se faire tuer. Ça n'a pas été, chez beaucoup d'entre eux, un courage spontané, une résolution ardente née des événements. Cet esprit de sacrifice, ce goût de l'action, cette foi patriotique, la jeunesse française les cultivait depuis quelques années. Ce mouvement de résurrection s'était accusé presque subitement, sans qu'on pût en déceler nettement les origines positives. Ces générations se sentaient-elles, obscurément, marquées pour le sacrifice, enfantées pour une grande mission ? Étaient-elles touchées d'une grâce divine, qui les faisait par avance se préparer aux tâches héroïques et aux gestes suprêmes ?... C'est un émouvant travail de l'esprit que de considérer les générations qui nous précédèrent, celle à laquelle nous appartenons, celles qui nous suivent... Celle qui grandit aujourd'hui la renommée de la France, et ajoute à son histoire, prit conscience du rôle qu'elle aurait à jouer avant que le drame éclatât... Entre les *Jeunes d'Aujourd'hui*, d'Agathon, et la *Jeunesse nouvelle*, d'Henry Bordeaux, quel temps s'est écoulé ? Deux ans à peine, dont une année de guerre. Ces mêmes êtres qui affirmaient leur soif d'action physique, d'héroïsme, de sacrifice, ont été jetés dans la mêlée et ont ajouté le prix de leur sang à tant de généreuses convictions [1]. »

Ces « généreuses convictions », maintenant muées en actes sauveurs, le livre d'Agathon nous en laissait entrevoir les sources. Il constatait, chez les « Jeunes d'Aujourd'hui », un renouveau des croyances religieuses.

Ces jeunes voulaient savoir, c'est-à-dire croire, parce qu'ils voulaient agir. Et un champ d'action magnifique leur a été donné, où tout ce qu'ils avaient thésaurisé de certitudes, de vouloir a trouvé à s'exercer.

Et cette constatation, en nous dédommageant des efforts d'hier, nous dicte le devoir de demain à nous tous, Prêtres, hommes d'œuvres, Français de bonne volonté.

La France de demain, celle d'*après la victoire*, ne sera pas totalement différente de la France d'hier. Il n'y a pas de génération spontanée. Il n'y a pas de « conversion collective », quand il s'agit d'une

---

1. Billet de Junius. *Écho de Paris*, 21 novembre 1915.

Nation. Il y a des évolutions. L'évolution, commencée avant l'heure de la crise, continuera si nous le voulons, si nous savons y mettre le prix, c'est-à-dire l'effort nécessaire.

Le terrain était déjà préparé, il le sera davantage après la guerre. Il ne restera plus qu'à l'ensemencer à la sueur du front.

Un instituteur de Paris, *Pierre Lamouroux*[1], revenu après une longue et laborieuse évolution à des idées d'ordre et de conservation sociale et, par ce chemin, à la foi intégrale, m'écrivait des tranchées de Givenchy, quelques mois avant d'y tomber en chargeant héroïquement à la tête d'une section de coloniaux :

« Plus que jamais, mon cher ami, j'ai compris la nécessité de la prière, et quelle source inépuisable de bonheur, de force et de confiance elle était capable de faire jaillir. Mieux que jamais, je me suis senti par la Foi et par l'Espérance près de Dieu et par la Charité près des créatures de Dieu, mes frères. Oui, la guerre est un terrible fléau, mais quel puissant générateur de nobles sentiments et d'actes généreux !

« Quel sillon profond a été creusé en plein cœur

---

[1]. Voir : Albert Bessières, *Ames Nouvelles*. Instituteurs-soldats. Une Promotion de l'Espérance. 1 vol., chez Crès, 116, boulevard Saint-Germain, Paris, 3 fr. 50.

de notre société par le rude soc de l'épreuve ! Que de richesses ont été soulevées et mises à jour, quel limon a été remué et quelles moissons superbes pousseront sur cette terre renouvelée !

« Oui, mon cher ami, j'ai à cet égard pleine confiance dans l'avenir de la France, et les faits dont j'ai pu être témoin n'ont fait qu'augmenter cette confiance...

« Oui, je crois que nous n'avons aucune idée de ce qui se passera au point de vue intellectuel et religieux au lendemain de la guerre. Je vois poindre l'aube d'une grande Renaissance chrétienne, qui dépassera infiniment, en conséquences et en qualité, l'autre, celle du seizième siècle. »

Quelques jours après la mort de Pierre Lamouroux, une autre lettre m'arrivait. C'est encore un jeune soldat, un instituteur de Paris, qui l'écrit :

« Je suis un ami de Pierre Lamouroux... Lorsque nous nous sommes connus, nous étions, pour raison de profession et d'âge sans doute, anticléricaux anarchisants. Lui, mon aîné à tous points de vue, a subi une évolution politique et religieuse que vous connaissez mieux que moi, et que j'étais, semble-t-il, en train de commencer. Sa mort me prive d'un *directeur de conscience*, et c'est ce qui m'amène vers vous...

« Voici où j'en suis.

« Politiquement, je suis maintenant convaincu

de la nécessité et de la fécondité de l'ordre assuré par une solide autorité.

« Religieusement, j'ai toujours professé une grande sympathie pour l'art chrétien... Élevé dans un milieu anticlérical, entraîné dans la franc-maçonnerie, avec laquelle je n'ai pas encore rompu et dans laquelle je croyais sincèrement trouver un centre de perfectionnement moral et social, je me suis peu à peu détaché de l'apriorisme sectaire, de l'anticléricalisme maçonnique. Je reconnais la haute valeur morale de la doctrine catholique, mais la foi me fait complètement défaut...

« Donc, j'ai tout à apprendre dans la voie où j'espère que vous me conduirez. Il me faut la foi. Comment y parvenir ?... »

Voilà sur quel terrain auront à travailler les apôtres qui survivront à la guerre. La moisson sera abondante. Que Dieu lui envoie des ouvriers.

TROISIÈME PARTIE

1916

I

La Bataille de Verdun

Mars 1916. — Le drame de Verdun se déploie. Il est survenu en coup de foudre.

Rappellera-t-il les « Salisseurs » à la pudeur ?

Il est des paroles que l'historien devra retenir pour en marquer ainsi que d'un fer rouge le front des esclaves qui s'abaissèrent à les prononcer.

Ainsi le défi de la *Dépêche de Toulouse* : « Je mets au défi n'importe quel poilu — mais un vrai — de dire qu'il a vu monter la garde aux tranchées à un curé ou à un millionnaire. » Ainsi, cette autre immondice parue dans l'*Union Républicaine de Mâcon* : « Beaucoup de gens s'obstinent malheureusement à ne pas comprendre que le cléricalisme, cet ennemi de l'intérieur, est aussi dangereux que les ennemis de l'extérieur. »

Faut-il donc que le couteau de l'ennemi soit sur notre gorge pour faire taire un instant les semeurs de haine ? Le fleuve de boue va-t-il recommencer à couler dès que le fleuve de sang aura cessé ?

Serait-ce donc un rêve ? Un rêve, l'Union Sacrée ? Un rêve, le sang de tous les fils de France mêlé dans les mêmes sillons ? Un rêve, notre retour d'exil au premier appel de la patrie ? Et ces 92 Jésuites tombés à l'ennemi, et le monceau de cadavres de ces milliers de prêtres et de religieux... un rêve ?

Que fallait-il donc pour la joie de ces insulteurs de cadavres ? Rester où nous étions, en Belgique, en Espagne, en Suisse, en Allemagne ? Peut-être. Leur besogne eût été si simplifiée !

Mais pourquoi s'émouvoir ? La leçon de l'Ilote sera comprise de tout ce qui garde chez nous une âme droite et un cœur noble.

Ces hommes seront descendus si bas dans l'infamie que tout esprit qui pense, tout Français digne de ce nom les vomira.

L'ordre de départ nous atteint à Saint-Blin, petit village de la Haute-Marne.

Depuis plusieurs jours, les trains de troupes, de munitions, se succèdent sans interruption gagnant Verdun. Voici même quelques beaux régiments anglais aux équipements neufs.

« Confitures ? Confitures ? nous crient les braves Tommies.

— Yes, Yes... »

Ils nous donnent des boîtes de confitures, nous leur donnons des boîtes de singe et des journaux.

La mêlée formidable plus sanglante que celle de l'Yser, plus âpre que celle de la Marne, roule ses flots aux pieds des Hauts-de-Meuse.

On songe aux derniers efforts d'un fauve résolu à mourir ou à briser les barreaux de sa cage.

D'un ciel gris, très bas, la neige tombe.

Mardi gras, 7 *mars*. — Sous la marquise de la gare de Bar-le-Duc aux verrières pulvérisées par les obus, le défilé des brancards commence. J'installe mon premier blessé. Il arrive de l'enfer de Douaumont.

« Je vais écrire ta fiche. Quelle est ta blessure ? »

Il me regarde avec des yeux vagues, perdus.

Je renouvelle doucement ma question.

Il me tourne le dos en grognant, avec des cris inarticulés.

Je consulte sa fiche. Pas de blessure. Congestion du cerveau, détraquement général du système nerveux dû aux effroyables commotions des jours derniers.

Un sergent de zouaves, la chéchia crânement plantée sur l'oreille, cigarette au bec, entre, s'installe près du poêle. De son bras valide, il ouvre le journal que je lui prête.

« Tiens, c'est *carnaval*. Drôle ! On avait oublié ça. »

Mes douze blessés sont installés. Le train en emporte 380. Je distribue les cigarettes de nos petites amies du pensionnat Saint-Seurin en expliquant :

« Ce sont des enfants d'une école chrétienne de Bordeaux qui ont inventé la tire-lire de la cigarette des blessés. Elles mettent là leurs petits sous de sacrifice. »

Cette explication les touche plus que les cigarettes. Plusieurs m'entourent.

« Ça c'est gentil. Faudra les remercier, M. l'infirmier. »

Le n° 3, un magnifique nègre, soldat de première classe, regarde la boîte avec des yeux de convoitise, puis avec un large rire qui découvre toutes ses dents.

« Toi donner boîte. Ça y a beau.

— Moi, je mangerais un croûton, réclame un bon pépère. Savez, voilà trois jours qu'on mange avec les chevaux de bois. »

Je leur distribue du pain et du bouillon.

L'orateur fait claquer sa langue :

« Meilleur que le bouillon du Mort-Homme. Aucun ravitaillement depuis trois jours. L'artillerie ennemie balayait les chemins. Et puis, pas d'eau. Au bord des mares, nous nous précipitions à genoux entre les jambes des chevaux pour boire quelques gorgées de boue.

« Un soir v'là le colon qui s'amène : « Mes enfants,
« les Boches sont à Douaumont, faut aller les
« déloger. On est parti comme ça. On a chargé le
« ventre creux... »

Le train s'ébranle. En route.

Un poilu, la tête entourée de bandages, les joues tuméfiées, la mâchoire endommagée, s'assied sur une paillasse et s'aide du tisonnier, des pincettes, pour réparer ses godillots.

Les enfants le regardent travailler, avec grande attention.

Il a d'abord fait sauter les talons éculés qu'il jette dans le feu, puis, à l'aide des pincettes, retiré les clous qui le blessent. Voilà qui est fait.

Il sourit sous les bandes qui lui couvrent à moitié les yeux.

« V'là. Vous aurez eu la petite comédie pour Carnaval. »

La conversation s'anime. Un moment, elle m'inquiète.

Il y a là quelques ouvriers, lecteurs assidus de l'*Homme enchaîné*, de l'*Humanité*.

L'ivraie à laquelle on a laissé une criminelle liberté a levé. Si la victoire tarde, c'est qu'il y a des traîtres, des embusqués dont la guerre fait les affaires. De hautes personnalités sont mises en cause.

Ces pauvres enfants répètent à leur façon, en les

déformant d'ailleurs, les insinuations de la presse révolutionnaire. On tremble à imaginer ce qui adviendrait si on laissait se développer librement dans nos tranchées cette mauvaise semence. Les premiers qui en souffriraient seraient nos soldats dont on aurait détruit la confiance.

Heureusement, je suis aidé dans mon œuvre de redressement par le sergent de zouaves qui n'entend pas plaisanterie et par un petit caporal qui s'est relevé d'un geste de colère sur son brancard.

Mercredi des Cendres, 8 *mars*. — Mon zouave s'éveille le premier, s'étire, descend du brancard.

« Tiens, c'est les Cendres. Les gosses sont à l'église. »

Oui. « Memento homo quia pulvis es. Homme, souviens-toi que tu es poussière et que tu redeviendras poussière. » Ce rite d'une singulière richesse avait paru démodé. Son réalisme heurtait comme un reste de barbarie. Pourquoi nous rappeler ainsi, annuellement, la grande mésaventure de toute existence et, par là, gâter la saveur de la vie ?

Pourquoi ? mais pour nous habituer à la mort, nous préparer au sacrifice.

Autour des plateaux sanglants de la Meuse, de la Woëvre, il n'est peut-être pas inutile, ces jours-ci, d'avoir appris cela.

La nuit s'en va, voici le soleil. Un peu de pourpre flotte sur les monts de la Côte d'Or. Toujours la même joie d'enfants qui éveille le rire des blessés, après les interminables heures de la nuit. Un rayon est entré par les vitres de l'étroite lucarne. Ils lui sourient, le caressent, y baignent, comme dans une eau de Jouvence, leurs membres endoloris, saignants.

Leur naïve joie est un chant au soleil, un hymne infiniment plus émouvant que les strophes de *Chantecler*.

> Toi qui sèches les pleurs des moindres graminées,
> Qui fais d'une fleur morte un vivant papillon,
> Lorsqu'on voit, s'effeuillant comme des destinées,
>   Trembler au vent des Pyrénées
>   Les amandiers du Roussillon,
> Je t'adore, Soleil ! ô toi dont la lumière,
> Pour bénir chaque front et mûrir chaque miel,
> Entrant dans chaque fleur et dans chaque chaumière,
>   Se divise et demeure entière
>   Ainsi que l'amour maternel !

Un mot me met à la portière : *Alésia !*

A notre droite, un plateau abrupt surgit au-dessus de la plaine élargie vers Dijon, entre les rives de l'Armançon et de la Seine. Un peu de neige fond au soleil.

Sur l'horizon pâle, baigné de lueurs de lait, au sommet du promontoire rocheux du mont Auxois, où les chênes et les pins plongent leurs racines dans les pierres éboulées d'une muraille gauloise, droit sur le somptueux piédestal de Viollet-le-Duc, l'homme de bronze se dresse, celui dont le nom symbolisa, un jour, la patrie gauloise et ses derniers espoirs : Vercingétorix l'Arverne, le vainqueur de Gergovie, le vaincu d'Alésia.

Ses prunelles ardentes nous regardent.

Et, peut-être, à ces meurtris de la même cause répète-t-il la parole qu'il prononça voilà 19 siècles, 46 ans avant l'ère chrétienne, la parole dont le vainqueur recueillit l'écho :

« Une Gaule unie serait invincible. »

Lui aussi, avait rêvé d'une « Union Sacrée » qu'il ne put réaliser. L'approche des légions romaines, le bruit de leurs pas, l'agonie de la patrie ne purent imposer silence aux égoïsmes partisans. Le vainqueur des légions fut vaincu par ses frères. La politique des intérêts individuels sonna l'agonie nationale, rendit vaine l'effusion du sang, la valeur indisciplinée de la race.

Je songe avec amertume aux murmures d'hier, écho des vieilles luttes oubliées dans la fraternité des tranchées, mais soigneusement ravivées par les mauvais bergers de l'arrière.

Jeudi 9 mars. — G... Il neige. Les flocons emportés par le vent s'engouffrent sous le hall de la gare. Je débarque trois blessés.

L'un d'eux atteint de pneumonie est étendu sur son brancard, à l'entrée du hall, attendant son tour.

La neige le cingle au visage ; une toux déchirante le secoue.

« Enlevez la couverture », commande un major de service. Je hasarde une remarque :

« Le malade sort de la chaleur du wagon. L'air est glacé. Vous entendez sa toux. Le dépouiller pour l'abandonner cinq ou dix minutes en plein vent est peut-être imprudent. Ne pourrait-on attendre qu'on ait apporté la couverture de rechange ? »

Le jeune major me regarde étonné, impatient :

« Qu'est-ce que vous racontez ? Oui ou non vous a-t-on donné la consigne de retirer vos couvertures ?

— Oui, Monsieur le major, mais une pneumonie... Voici la fiche...

— Et puis ? Qu'est-ce que ça vous fout ?

— En effet... »

Et je retire ma couverture.

Aix-les-Bains.

Le train s'engage dans les gorges de l'Isère, côtoie les massifs de la Grande-Chartreuse et du Revard. Voici l'étroite grève du lac du Bourget. Aux abricotiers, aux pêchers, aux magnolias des villas, la neige suspend des fleurs de glace. Des deux côtés du lac, les Alpes dressent leur muraille nue. Des nuages blancs flottent ainsi qu'une fumée, à mi-flanc de la montagne.

Les eaux du lac, d'un bleu vert transparent, ne

sont troublées que par le vol de quelques courlis parmi les joncs, par la chute d'un filet que deux pêcheurs ramènent vers leur barque. La forêt des roseaux s'incline sous le vent léger, agitant ses bouquets de palmes mortes ainsi que des mains desséchées.

Des strophes reviennent à ma mémoire qui immortalisèrent ces bords plus encore que la poésie si intense des choses. C'est qu'elles mêlèrent l'homme, ses passions, ses cris vivants à la nature morte :

O lac ! l'année à peine a fini sa carrière,
Et près des flots chéris qu'elle devait revoir,
Regarde ! je viens seul m'asseoir sur cette pierre,
    Où tu la vis s'asseoir.

Un soir, t'en souvient-il ? nous voguions en silence ;
On n'entendait au loin sur l'onde et sous les cieux,
Que le bruit des rameurs qui frappaient en cadence
    Tes flots harmonieux.

Tout à coup des accents inconnus à la terre
Du rivage charmé frappèrent les échos ;
Le flot fut attentif et la voix qui m'est chère
    Laissa tomber ces mots :

« O temps, suspends ton vol ! et vous, heures propices,
    Suspendez votre cours !
Laissez-nous savourer les rapides délices
    Des plus beaux de nos jours.

Assez de malheureux ici-bas vous implorent :
      Coulez, coulez pour eux ;
Prenez avec leurs jours les soins qui les dévorent
      Oubliez les heureux.

O lac ! rochers muets ! grottes, forêt obscure
Vous que le temps épargne ou qu'il peut rajeunir
Gardez de cette nuit, gardez belle nature
      Au moins le souvenir !

Que le vent qui gémit, le roseau qui soupire,
Que les parfums légers de ton air embaumé,
Que tout ce qu'on entend, l'on voit ou l'on respire,
      Tout dise : « Ils ont aimé ! »

Elle s'appelait, Madame Charles.

Depuis bientôt un siècle notre littérature n'est guère qu'une variante du Lac. On a seulement ajouté des épices nouvelles, ou encore donné des habits de paysanne et appris le patois à cette reine un peu fière qu'était la langue de Lamartine.

Jamais on ne parla autant d'amour au point qu'on pouvait se demander s'il existait autre chose dans la vie.

Et jamais il n'y eut si peu d'amour, s'il est vrai que l'homme est appelé à aimer d'une façon un peu différente de la bête, s'il est vrai que l'amour consiste moins dans la jouissance que dans le don.

Je regarde mes brancards maintenant vides de blessés mais où sèchent des filets de sang.

Par la portière j'aperçois la longue série des fourgons : têtes sanglantes, membres enveloppés de ouates, fixés par des gouttières. De ce convoi de souffrances pas un mot, pas une plainte n'arrive jusqu'à moi.

Tous ces humbles, ces paysans, ces remueurs de terre qui jamais ne lurent *le Lac* ont trouvé, dans la douleur rédemptrice, le secret d'une sereine beauté. Combien leur silence est plus dense de poésie vraie que les plaintes rythmées de Lamartine.

Désormais le lac aura de plus hauts souvenirs à garder que celui d'une idylle douteuse que la musique des mots ne suffit pas à élever à la dignité d'un événement national.

« Ils ont aimé! »

Ceux-ci aussi ont aimé : leur terre, leurs foyers, leur France ; pour tout cela ils ont subi silencieux le long martyre de la chair, les dures agonies du cœur.

Un nouveau baptême a passé sur ces horizons, le baptême du sang.

II

L'Éternelle Recommenceuse

Sermaize-les-Bains (Marne).

9 avril 1916. — Le train stoppe au milieu d'un décor de jugement dernier.

Je remonte la rue de Saint-Dizier. Des amas de pierres, des cheminées en équilibre sur des pans de murailles calcinées, des fers tordus rouges de rouille, des coffres-forts éventrés.

A gauche, l'église, deux murailles ; tout près, l'école communale, l'ancien palais scolaire dont une plaque de marbre cimentée dans le mur rappelle la récente inauguration.

A droite, l'ancien presbytère. Il reste la cave dont la voûte s'effondre.

Le 6 septembre 1914, jour de l'ouverture du grand drame de la Marne, les obus incendiaires de l'armée allemande détruisaient une centaine de maisons. Le lendemain, les barbares, à la faveur d'une panique de nos troupes, pénétraient dans la ville et, sous prétexte que les autorités municipales s'étaient retirées, décrétaient le pillage, puis l'incendie de tout ce qui restait. L'église, plus de 400 maisons furent pétrolées, brûlées à la main. Alors, au milieu de la ville en flammes, on vit se renouveler la scène de Clermont-en-Argonne et de Gerbéviller.

Malgré tous les avertissements, quelques religieuses avaient refusé d'abandonner leurs malades, les vieillards et les enfants réfugiés dans la baraque où elles s'abritaient depuis les expulsions de 1903. Un demi-siècle durant, elles s'étaient vouées au service des humbles, des pauvres.

Peu importait qu'on les eût récompensées en les dépouillant. Tant qu'il resterait une misère à secourir, leur place était à Sermaize.

La ville s'effondrait dans le crépitement de l'incendie.

Les derniers habitants chassés des caves par les flammes fuyaient emportant leurs malades vers les quelques maisons encore épargnées. A tout prix, il fallait sauver ce refuge dernier. Mais qui oserait demander grâce ?

On vit deux femmes, partir en silence par les ruelles embrasées où croulaient des décombres, gagner la kommandantur. Leur prière dut être éloquente. La grâce fut accordée.

Les pétroleurs reçurent ordre de suspendre leur travail. Les bonnes Sœurs[1] trouvent cela tout naturel, un peu gênées par le bruit qui s'est fait autour

[1]. Mère Saint-Michel et sœur Scholastique, de la Congrégation de la Doctrine Chrétienne de Nancy.

d'elles. Pourvu que cet acte de dévouement n'aille pas leur attirer les représailles dont furent payés leurs services passés! Il est si dangereux de faire le bien et de le faire par profession. Elles n'ont plus leur couvent, mais il leur reste une baraque, or le crime constant des vœux de religion pèse sur elles. Alors... Ne voit-on pas, ces jours-ci, nos maîtres moins préoccupés par la prise de Douaumont, les hécatombes de Verdun, que par le péril où les œuvres de la charité chrétienne mettent la République?

Les ruines de l'église se dressent à côté du cimetière aux tombes soulevées par l'éclatement des obus.

Le toit, les voûtes, le clocher effondrés mêlent un entassement de pierres au bronze fondu des quatre cloches. Au-dessus du porche que ferme une claie de bois, une date creusée dans la pierre : 1093. En cette année, les moines de l'ordre des Bénédictins de Cluny achevaient la construction de l'église. Comme à Clermont, une statue de la Vierge épargnée par les flammes domine le porche. C'est une Vierge guerrière taillée dans la pierre, le regard un peu dur, fixé au loin avec une expression de calme défi. Sur son bras gauche, un Enfant Jésus décapité, les pieds coupés, continue à bénir de sa petite main levée.

Je pousse la claie de bois.

Dans la nef de gauche, debout, tragique, au milieu des plâtras, des débris d'ogives et de verrières envahis par les chardons, une grande statue de saint décapitée semble monter la garde.

Les colonnes massives de la nef, au style sobre et ferme qui marque la transition du roman au gothique, jaillissent droites, nues, dans le ciel. Une colonnade des ruines de Philae... Sous l'action des flammes, des vapeurs de pétrole, les pierres ont pris une teinte rouge sang, indélébile. Au pied d'un des piliers sanglants, la silhouette d'une jeune fille cuirassée d'acier, chaussée d'éperons, les yeux au ciel, un étendard fleurdelysé pressé dans ses mains suppliantes : Jeanne d'Arc.

La statue demeure debout, intacte sous l'effondrement des voûtes. Seulement, un peu de sang paraît s'être incrusté sur sa robe, sur son étendard, à la chaleur des flammes. Ces pierres virent plusieurs fois Jeanne prier à genoux alors qu'elle venait visiter ses deux oncles maternels dont l'un Henry de Vouthon était prieur de l'abbaye de Sermaize.

Une seconde porte en planches ouvre sur le chœur au clocher effondré :

Et ici, je m'arrête en proie à une soudaine émotion.

« L'éternelle recommenceuse » est là. Elle travaille.

Nous sommes à quelques kilomètres des lignes ennemies, à une portée de canon. Les avions allemands viennent périodiquement jeter des bombes sur les convois de ravitaillement qui traversent les ruines. Ces jours derniers, il y a eu des victimes sur la place de l'église[1]. Une grande pierre tombale de marbre noir encastrée dans le mur a été brisée par des éclats d'acier. Or voici des ouvriers... Des bruits de marteaux dans le chœur. Ils recommencent, tandis que le canon scande les minutes.

« Il fallait sauver d'une ruine irréparable la partie essentielle de l'église, le chœur, ses magnifiques ogives, me dit aimablement M. l'abbé Bollot, curé doyen de Sermaize. Et puis, donner confiance à notre population par un symbole qui lui dirait mieux que nos paroles :

« Vous voyez bien, nous avons la certitude qu'ils ne passeront plus, c'est pourquoi nous recommençons. »

Les marbres de l'autel, polis à nouveau, ont pris des tons de marbres neufs. Les pierres des ogives relevées, ressoudées de ciment frais, protégées par un toit de planches, donneraient l'impression d'une église toute jeune, sans les cicatrices qui rappellent le passage du barbare.

« Plus tard, ajoute M. le Curé, quand les aumônes

1. Le 21 février, l'entrepreneur des travaux était tué devant l'église par une bombe lancée par un taube.

reçues le permettront, nous referons le toit de la nef. Rien de ce qui faisait la valeur d'art de notre église ne sera modifié, c'est le désir du Président de la République et le mien.

« Il faut que le chœur soit ouvert aux fidèles pour le jour de Pâques. Nous y chanterons un premier *Alleluia* en attendant le *Te Deum* de la victoire [1].

— Et vous n'avez pas rencontré de difficultés?

— Oh! plusieurs, dont quelques-unes hélas! un peu... imprévues.

« L'union sacrée très réelle parmi nous — j'ai tout fait pour la maintenir — l'invasion, la ruine, la communauté des souffrances nous ont guéris de quelques misères, pas de toutes.

« Bref, la municipalité s'opposait à la restauration.

« Plus tard, on songerait à réparer le monument, on en ferait un *musée*. » Ce *plus tard*, c'était la condamnation d'un édifice qui est la meilleure gloire de Sermaize et, au surplus, représente pour nous, catholiques, mieux qu'une œuvre d'art, la maison de nos pères.

« J'ai pris les grands moyens.

« J'avais assisté à ses derniers moments M. Poincaré, père du Président de la République, mort en mai 1911, à l'établissement thermal.

---

[1]. Monsieur le Curé a tenu parole. Le chœur de l'église restauré a été rouvert aux fidèles le jour de Pâques 1916.

« Je me présentai à l'Élysée. Reçu très aimablement j'exposai ma double requête :

« Classement de l'église ; autorisation d'utiliser pour le culte, après les réparations nécessaires, la partie de l'édifice moins éprouvée par les flammes.

« Le Président approuva la requête. Mme Poincaré offrait une aumône de 500 francs pour les premiers travaux. »

M. le Curé s'interrompt. Une petite voix claire, vaillante, voix de bronze et d'argent, chante au-dessus des ruines, égrène ses notes dans le ciel où passe le bourdonnement des avions.

« C'est Jacqueline-Gabrielle, la petite cloche qui est venue remplacer ses quatre aînées fondues dans l'incendie. Nous l'avons baptisée, le 25 juillet, dans les ruines de l'église. »

Jacqueline-Gabrielle doit sonner le catéchisme, car voici le bataillon des petits qui envahit la cour du presbytère installé dans le pensionnat Jeanne d'Arc.

Des enfants, il en sort de partout. On dirait d'un essaim d'abeilles bourdonnant autour d'une ruche au premier soleil d'avril. M. le Curé m'explique :

« Depuis l'incendie, le presbytère est la maison du peuple. Pour le moment, il abrite la poste, là, au-dessus de notre chapelle provisoire, les deux écoles libres, l'école laïque des garçons, plusieurs familles.

« Dans une cabane en planches on a installé la mairie.

« J'avais encore offert un asile à l'école laïque des filles, proposant, pour économiser locaux et personnel, de fusionner écoles laïques et écoles libres. La municipalité a refusé.

— Et tout ce monde fait bon ménage?

— Parfait. »

Voici des gamins, des fillettes, leurs cahiers sous le bras :

« Bonjour, M'sieu l'curé.

— Bonjour, mon gros.

— L'instituteur m'a dit de vous montrer mon cahier.

— Voyons. C'est mieux qu'hier. Pas encore assez bien. Sera mieux demain?

— Oui, M'sieur. »

Pauvres petits. Il sait par cœur le long poème, aux cent actes divers, des épreuves traversées par leurs familles. Il m'en raconte quelques-unes.

Moi, je songe aux invasions barbares, à ces jours lointains où l'évêque, le prêtre étaient devenus, par la force des choses, le choix instinctif des âmes, les pères de la cité et son meilleur rempart.

Voici une photographie, au-dessus de la cheminée du cabinet de travail, un magnifique Christ dont M. le Curé me détaille les richesses.

« C'était un Christ du xve, sculpté dans un tronc de

chêne de 2 mètres de hauteur, dû probablement au ciseau de quelque moine de l'abbaye. Il a disparu du chevet de l'église, brûlé ou plus probablement volé par les Allemands, car on n'a pu retrouver les énormes clous de fer forgé qui soutenaient les pieds et les mains. »

Le Christ est un pur chef-d'œuvre d'art religieux.

Les bras rayonnants, le corps émacié, les os et les muscles saillants, d'une anatomie singulièrement fouillée, d'un réalisme aigu, pourtant respectueux et attendri, me rappellent les meilleurs Rubens des galeries d'Anvers et de Bruxelles, mais la tête inclinée infiniment douloureuse et douce révèle un artiste du cloître, un Fra Angelico ou un Zéghers, un familier des contemplations mystiques. M. le Curé me conduit jusqu'au bout du jardin de l'ancien presbytère et me montrant un tas de pierres :

« Voilà... De cette maison j'avais voulu faire la maison de tous. Dispensaire, patronage, œuvres de jeunesse, bibliothèque paroissiale, etc. Tout est ruiné. Nous recommencerons. Notre église de Sermaize n'en est pas à sa première résurrection. Plusieurs fois assiégée, bombardée, brûlée, notamment au cours des luttes civiles entre Armagnacs et Bourguignons, pendant les troubles de la Ligue, elle a laissé passer l'orage, puis, sereine, à la façon des choses éternelles, a redressé ses ogives, fermé ses plaies, rassemblé les fugitifs, recommencé son œuvre de semeuse de courage.

« Nous avons fait ainsi. Notre geste de reconstructeur a créé une contagion. Voici des épiceries, des cafés, deux boulangeries. Bouchers, charcutiers, coiffeurs sont revenus ; nous avons même une modiste et une pharmacienne !

« Enterrements, baptêmes, mariages, prédications du dimanche, premières communions et confirmations ont repris comme par le passé. Le 10 janvier 1915, nous bénissions le nouveau Chemin de Croix.

« En attendant les maisons de pierres, la *Société Anglaise des Amis*, le *Secours National*, le *Bon gîte*, nous ont aidés à construire des abris de planches... »

Nous sommes au bout du jardin. Un trou noir s'ouvre devant nos *pieds*.

« La cave du presbytère où je m'étais réfugié avec les derniers habitants, pendant le bombardement. Les flammes nous chassèrent. Je conduisis un détachement, à travers bois, en costume de chauffeur. Peut-être, si c'était à recommencer, demeurerais-je avec ceux qui ne peuvent partir. Mais, plusieurs fois déjà, les autorités militaires m'avaient engagé à me retirer à l'exemple de la municipalité... et puis j'étais mobilisé.

— Mobilisé ? Quel service essentiel la patrie attendait-elle donc de vous, qui en aviez tant à rendre ici ?

— Celui d'abord de conduire deux chevaux par la bride de Saint-Remy à Vitry. Cette première mobilisation dura deux heures. Mes 45 ans, ma santé plus que précaire me firent renvoyer dans mes foyers. Une contre-visite, où on n'eut pas le loisir de me visiter, me fit, quelque temps après, verser du service auxiliaire dans le service armé, d'où on devait me reverser dans le service auxiliaire.

« Appelé à Châlons, trois semaines après l'incendie de Sermaize, le médecin de l'ambulance, auquel j'étais envoyé comme infirmier, m'accueillit en criant :

« Qu'est-ce que vous venez faire ? On n'a pas besoin de vous !.. »

« Le lendemain, même scène à l'École des Arts et Métiers.

« Présentation au major chef :

« Je n'ai pas besoin de vous ! J'ai assez de personnel. Êtes-vous peintre ?

— Non, Curé-doyen de Sermaize.

— Alors, qu'est-ce que vous venez faire ici ? »

« Ce Monsieur n'aimait pas les curés. Le lendemain il m'expédiait à l'hôpital Sainte-Memmie, d'où on m'expédiait à Vitry, d'où on me réexpédiait à Châlons. En attendant, ma paroisse brûlait, agonisait. On finit par s'aviser que ma santé était médiocre, qu'au surplus, comme l'avait sagement constaté un brave commissaire de police de la gare de

Lyon, « je pourrais faire plus de bien à la patrie en retournant à Sermaize », qu'en balayant les escaliers d'un hôpital. On me renvoya. » Puis avec un sourire de malice :

« Vous connaissez les Jésuites ?

— Oui, un peu.

— Moi aussi, je suis de leurs élèves. Eh bien! figurez-vous que, il y a quelques jours, un jeune soldat m'arrivait : « Je suis prêtre, Jésuite, Alsacien, missionnaire au Brésil. »

— Diable! Et vous êtes venu du Brésil ici?

— Non de Hollande, où j'achevais mes études. Voilà : je voudrais renouveler mes vœux dans votre église.

— La chapelle provisoire du presbytère?

— Non, non, l'église en ruines.

— Mais..

— Nous ferons la petite cérémonie dans le chœur. Vous me servirez de témoin, Monsieur le doyen.

— Il n'y avait pas à répliquer. Au petit matin nous avons allumé quelques cierges sur l'autel, fermé la claie de bois, le Père a dit sa messe, puis, à genoux sur le premier degré, prononcé le « Voveo paupertatem, castitatem et obedientiam perpetuam, in Societate Jesu. »

« Cela rappelait les scènes des catacombes.

« Comme nous sortions les ouvriers entraient.

« Après tout, le Père avait raison. La Compagnie de Jésus est aussi une recommenceuse[1]. »

Je quitte M. le doyen pour la visite des tombes de nos soldats. De mon wagon j'entends claquer dans le vent les petits drapeaux. Les tombes sont semées dans les champs et les prés, à l'orée du bois, le long du canal de la Marne au Rhin, sous le talus du chemin de fer. Tout près du pont du canal, on a creusé un ossuaire pour les ossements calcinés abandonnés en plein champ par les Allemands. Des tombereaux de cadavres, entassés sur des meules de paille à la tombée du jour, brûlaient dans la nuit. Un amoncellement de cendres, d'ossements, des fils de fer dont on liait les cadavres par six, des boutons de cuivre d'uniformes français et d'uniformes allemands, furent retrouvés. On recouvrit le tout d'un peu de terre.

Je commence mon pèlerinage par la petite tombe creusée dans le pré à quelques pas de mon wagon.

Une grille de bois peinte en vert, une croix de deux lattes surmontée d'un képi rouge, à l'écusson du 120e, un drapeau déchiré, une plaque de zinc fixée à la croix avec un numéro d'ordre :

C. 2. IV
T. 20. S. 2.

---

[1]. Lire : *Sermaize-les-Bains et son Curé pendant la guerre 1914-1915*. Vendu au profit de l'église, 1 fr. 65 franco ; chez M. le Doyen de Sermaize.

Pas de nom et je le regrette vivement.

Sur la tombe, un bidon traversé de part en part. Un éclat d'obus, car la plaie est large et inégale. Dans le machefer noir dont on a couvert la terre remuée, des pâquerettes blanches, une touffe de primevères fleurissent. A la tête, un vase rustique : une boîte de singe où quelques fleurs achèvent de sécher. A la lisière du pré, à l'ombre des saules, d'un bouquet d'osiers poussés en plein marais, puis, plus loin, au milieu du champ de blé, d'autres tombes.

Autour de la grille, à claire-voie, la charrue a creusé un petit fossé. Dans quelques mois les tombes vont disparaître parmi les épis que seule dominera la fleur rouge du drapeau, au sommet de la croix.

Je récite une prière.

Deux voix d'enfants. Par le sentier du pré un gamin et une fillette de 4 à 5 ans s'avancent balançant à bout de bras une corbeille où ils ont mis des brassées de coucous.

Ils chantent la ronde berlinoise

> Dansons la capucine.
> Y a plus d'espoir chez nous
> Y en a chez la voisine,
> Mais ce n'est pas pour nous.
>   You !

A la finale, la corbeille, lancée de toute la force de leurs petits bras, s'en va rouler parmi les jonquilles et les primevères poussées autour des tombes, et comme l'herbe y est plus épaisse, les gamins suivent la corbeille, se roulent avec des cris de joie dans la verte douceur du champ d'agonie.

Revigny.

12 avril. — Nous embarquons 300 blessés, tandis que sur le quai la fanfare de l'ambulance nous joue une aubade et qu'à cinquante pas, dans le cimetière militaire, où fleurit, chaque jour élargie, la forêt tricolore des croix et des drapeaux, un prêtre-soldat bénit cinq cercueils.

Ils sont là tous les cinq, côte à côte, pressés dans la tranchée commune que des fossoyeurs de la territoriale continuent à creuser. Elle a reçu une quinzaine de cercueils dans la journée.

Avant que les tombes ne se referment, je vais prendre la file, à la suite des parents, une femme perdue dans ses voiles de deuil me passe le rameau de buis dont je bénis les cercueils.

Le cortège funèbre s'éloigne au milieu de sanglots étouffés. Une fumée blanche monte du bord du marais, s'étend sur le cimetière. Ce sont les dépouilles des morts qu'on brûle. Un tombereau arrive et verse dans le foyer son chargement de charpies, de pansements maculés de sang, lourds de débris de chairs.

Les baraques de l'ambulance se cachent parmi les ruines de la ville incendiée, visitées, aux jours des représailles, par les avions ennemis.

Nous partons au crépuscule, à l'heure où la rumeur des canons s'exaspère.

Les blessés sont calmes. Muets de cette stupeur caractéristique des combattants de Verdun. Au sortir du cratère hurlant de Vaux et de Douaumont, le silence des wagons, la clarté sereine des campagnes, sous la lumière défaillante du soir, leur produisent l'effet d'un rêve invraisemblable. Ils se laissent bercer à la douceur de ces minutes, à l'étonnement des verdures intactes, des champs où coulent des eaux qui ne sont pas rouges, des germinations qui n'ont pas été déchirées par le labour des obus... Ils dorment, harassés, dans un silence lourd.

Seul un pauvre petit veille. La mâchoire supérieure fracassée, la langue à moitié arrachée, les dents brisées dont il crache les débris et les échardes, dévoré de fièvre. Je m'ingénie vainement à le soulager.

Du lait, du bouillon, de l'eau rougie? Je n'arrive qu'à provoquer des vomissements qui souillent son pansement, ses couvertures. Pourtant, il multiplie les signes désespérés : la soif le dévore. De la plaie, du pansement, des expectorations, monte une odeur épouvantable. Il faudrait le débarquer au plus tôt. Impossible. Les blessures des maxillaires sont soignées à Orléans. Il y a là des spécialistes. Je le garderai deux jours.

Orléans.

14 *avril*. — « Les tours de la Cathédrale qui virent le triomphe de Jeanne la Pucelle, entendirent le *Te Deum* de la délivrance, montent sur l'horizon ardent. Ah! Jeanne! Jeanne! il y a encore grande pitié au royaume de France. »

J'écrivais ces lignes sur mon carnet de route, à la date du 4 août 1914. Je revenais de Belgique. Une angoisse pleine d'incertitude pesait sur les âmes, les réveillant aux pensées de foi. Un souffle de résurrection chrétienne passait sur la France. Et toutes les mains, tendues dans la même unique volonté de mourir ou de vaincre, s'unissaient. Comme elle fut aimée la France en ces jours où le baptême de feu d'une nouvelle Pentecôte consumait toutes les pensées égoïstes! Elle était belle de toutes les perles de l'aube, comme on la vit sortir, au premier matin, du baptistère de Reims.

Vingt mois se sont écoulés; vingt-quatre à l'heure où je mets en ordre ces notes.

Nous voici à Orléans aux grands anniversaires des marches triomphales de la Pucelle. Le 29 avril, elle entrait dans la ville. Nous allons passer en

Lorraine ce mois de mai qui vit les victoires définitives, la capture et cette mystérieuse « délivrance par une grande victoire » qu'annonçaient les *Voix*.

Cette grande victoire c'était le bûcher.

Les blessés m'ont donné une dernière, longue et silencieuse poignée de main. Ils s'en vont au pas des brancardiers, traversant la foule muette où un mot parfois passe comme un glas : Verdun.

Je les regarde s'éloigner frissonnants du froid de la nuit et aussi de cette bise froide qui souffle sur les âmes.

Blessés de 1914 vous m'aviez rappelé l'aube sacerdotale de nos ordinations, de nos premières messes. La même flamme était en vous. Notre marche à travers la France était un pèlerinage de triomphe. Le prêtre, hélas ! s'habitue, et, par la volonté de Dieu ou l'infirmité de la vertu humaine, aux heures lumineuses succèdent parfois les heures obscures de la foi nue.

Blessés de 1916 qui vous condamnera d'avoir connu ces heures ?

Est-ce votre faute si la flamme qui réchauffait vos aînés a perdu de sa clarté ?

De toutes les paroles que vos maîtres ont envoyées vers vous, pas une qui ait haussé vos cœurs en haut, vers *Celui* qui voit et se souvient, vers *Celui* qui tient dans ses mains les seules récompenses équitables. Pourtant, cette victoire que le sang et la mort auront payée, quelle âme noble aurait le courage d'en jouir, sans cette certitude que les morts aussi verront de leurs yeux leurs récompenses, qu'ils ne furent pas nos dupes ?

Puis, comme Jeanne au lendemain d'Orléans, blessés de 1916, n'avez-vous pas douloureusement éprouvé qu'il existait encore des Armagnacs et des Bourguignons ?

Ces hommes que la vertu et les triomphes de la Pucelle gênaient, parce que leur politique en devenait oiseuse et parfois odieuse, ne les avez-vous pas connus ?

Pourtant, Jeanne triompha. La « grande victoire » annoncée ne fut pas un leurre. La flamme du bûcher éclaira la marche libératrice.

Demain, les morts parferont l'œuvre des vivants.

Dieu n'a pas pris en vain le plus pur de notre sang.

Ce sera la rançon et la semence.

Que de fois les avons-nous lues et entendues les paroles annonciatrices semblables à celles de cet *instituteur* foudroyé à Givenchy : « Non seulement j'accepte l'épreuve avec constance, mais j'éprouve une vraie joie à souffrir pour Dieu, pour la France[1]. »

Les Immolés nous garderont notre âme.

---

1. Pierre Lamouroux. Voir : *Ames Nouvelles*.

Le bourreau dispersa la cendre de Jeanne pour que la semence en fut plus large.

Votre cendre, ô morts de la grande guerre, est maintenant partout sur notre terre, des cimetières de la côte d'azur où elle dort sous les palmes, aux plaines de Charleroi où l'ennemi la foule encore, elle est partout pour que le blé de votre rédemption lève partout.

Les flammes épargnèrent le cœur de Jeanne.

Le vôtre, ô morts glorieux, vos enfants l'ont pris de vos cercueils. Il survivra dans le mausolée vivant de leurs poitrines, pour y tressaillir à l'heure prochaine, quand, dans le ciel libéré, les cloches triomphales sonneront la double victoire : la délivrance de la terre, la libération de notre âme.

III

La fête du Sacré-Cœur,

30 Juin 1916

De la Marne à l'Yonne.

Nous voici revenus à Sermaize. L'éternelle pluie qui transforme en marais nos campagnes lorraines, couvrant les prairies et les champs des eaux de la Meuse débordée, ajoutant une nouvelle catastrophe à tant d'autres, l'éternelle pluie a cessé pour quelques heures.

Je commence la tournée des tombes. Le « Souvenir Français »; la « Cocarde du Souvenir » ont bien travaillé.

Une cocarde tricolore, une plaque de métal où l'on a gravé les quelques indications recueillies sur les soldats qui dorment là, sont suspendues aux grilles de bois. Rarement, on a pu retrouver des noms.

4 soldats du 120ᵉ d'infant. X.
3 soldats du 120ᵉ d'infant. X.

X... X... Je n'ai pu relever aucun nom... Mais

la pluie et le soleil de juin ont paré les tombes anonymes d'une profusion de fleurs et de verdures. Massifs verts de chrysanthèmes, et d'iris aux longues lances, d'asters au feuillage fragile, jalousies pourpres, œillets aux fleurs de neige.

Aux croix de bois, je pique une autre fleur, aux couleurs de sang : une image du Sacré-Cœur.

L'église aussi, dans le chœur restauré, a pris sa parure des beaux jours. A gauche du maître-autel, la statue du Sacré-Cœur émerge d'un parterre de roses, de pivoines, de larges fougères, de lumières. La neuvaine de supplications nationales au Sacré-Cœur s'achève... Nous attendons la réponse. Et voici qu'un immense tressaillement d'espérance passe sur la patrie.

Sur tous les fronts, commence l'effort décisif. Aurons-nous assez prié pour qu'il soit heureux ?

Voici M. le Doyen.

« Je rebâtis mon presbytère.

— Du provisoire ?

— Non, du définitif. Il faut donner l'exemple de la certitude. Venez voir. »

Au-dessus des voûtes de la cave consolidées par des contreforts, les maçons alignent les blocs carrés des fondations. Tout autour du presbytère et de l'église, ainsi qu'une fourmilière qui s'éveille, la petite ville travaille à tirer des ruines ce qui sera bon pour les reconstructions.

J'ouvre la porte de la chapelle provisoire, en face du cabinet de M. le Curé. Les chaises, l'autel, la chaire... ont disparu. Des bancs d'écoliers remplissent la vaste salle. Aux murs, des tableaux noirs.

« J'ai cédé l'ancienne chapelle à l'école laïque des garçons. Comme vous voyez, l'instituteur est mon premier voisin. Ils seront là bien au large...

— L'union sacrée.

— Toujours. »

*
* *

8 *heures du soir*. Nous chargeons, en gare de *Revigny*, nos 350 grands blessés évacués de Verdun.

Jamais leur cortège n'avait été plus navrant. J'en installe douze dans mon fourgon. Douze fiches *rouges*.

Le n° 1 n'a plus de la jambe droite qu'un moignon de quelques centimètres. C'est un père de famille à la barbe grisonnante, la figure jaune, creusée par la perte du sang.

« Où étais tu ?

— A Thiaumont. C'est repris, n'est-ce pas ?

— Oui.

— Chic. »

Le n° 2, lui, n'a plus sa jambe gauche.

Le n° 3 a le bras gauche en morceaux, entouré d'appareils compliqués.

Le n° 4 est comme une statue de marbre, coulé

jusqu'à mi-corps dans un moulage de plâtre et de fer.

Tous appartiennent à la réserve de l'active ou à la territoriale.

Première distribution de bouillon.

« Merci, mon Père; merci, mon Père. »

Tiens! qui les a informés? Peut-être mon gros bréviaire qui est là sur « l'armoire à glace ».

La pluie cesse. Nous démarrons au moment où un magnifique arc-en-ciel se lève sur les bois des collines de Meuse, élevant jusqu'au ciel l'arche d'un pont de lumière.

Du côté de Verdun, de Bar-le-Duc, un océan d'or liquide où brûlent des flammes, où passent ainsi que des voiles de nefs des nuages de pourpre et de sang.

« Disciplina pacis nostræ super eum, livore ejus sanati sumus. » « La discipline de notre paix a été sur lui et c'est sa meurtrissure qui nous a guéris. » En ce soir de la fête du Sacré-Cœur, qui est la fête de la Rédemption d'amour par la souffrance et le sang, je songe qu'eux aussi ont porté la meurtrissure de notre guérison. Ils l'ont portée dans leur chair. Mais ce ne sont pas ces seules meurtrissures qui rachètent.

Une paix infinie monte de la campagne.

J'ouvre mon bréviaire à l'office du Sacré-Cœur.

« Je suis le pain de vie. Vos pères ont mangé la

manne dans le désert et ils sont morts. Celui-ci c'est le pain qui descend du ciel pour que, si quelqu'un en mange, il ne meure pas. Je suis le pain vivant descendu du ciel. Si quelqu'un mange de ce pain, il vivra éternellement. »

Nous cheminons au milieu de la mort. C'est sa fête royale. Jamais elle ne foula notre terre d'une marche plus triomphale.

« Les blés pourront pousser dans les champs de Verdun », me disait un blessé. « Ils sont engraissés de cadavres pour de longues années. » Mais ce qu'on ne voit pas c'est que des milliers d'Hosties dorment dans la même terre. Oh! comme l'Église fut divinement inspirée de les semer à pleines mains pendant ces années d'attente qui précédèrent la grande épreuve : « Celui-là, même s'il meurt, il vivra. » Le germe de vie mis en lui ne meurt pas.

Et comme avec une nouvelle ardeur il faudra que les prêtres de demain, ceux qui auront survécu, élargissent leurs mains, se fassent les inlassables semeurs d'hosties. N'auront-ils pas à assurer la survivance de la victoire, la fructification du sang ? S'ils sont fidèles à l'appel, voici que le Sacré-Cœur leur annonce l'aube de grandes joies :

« En ce temps-là, on chantera le cantique dans la terre de Juda : Sion est devenue une ville forte entourée maintenant d'un mur et d'un avant-mur.

Ouvrez ses portes pour livrer passage à la race juste qui garde la vérité. La vieille erreur s'en est allée. Tu garderas la paix, notre paix, parce que nous avons espéré en toi.

« Oui, vous avez espéré dans le Seigneur des siècles éternels, dans le Seigneur fort à jamais. Il courbera ceux dont l'orgueil habitait les hauteurs, il humiliera la cité des superbes. Il l'humiliera jusqu'à la terre[1]. »

Un éclat de rire. Quelques jeunes filles saluent du chemin qui longe la voie.

Le n° 5 moins amoché que les autres — il lui manque seulement quatre doigts — lance quelques grivoiseries. Le 6 lui donne la réplique, oublie son pied broyé, son nez à moitié arraché, pour raconter ses bonnes fortunes de la tranchée et du cantonnement, pour donner des détails sur les sports de certains officiers.

« Tu comprends... on ne sait jamais si on ne va pas trouver la « Camarde » le lendemain. Alors, avant de passer l'arme à gauche, faut en profiter. Pas vrai ?

— Pour sûr. Pas la peine de faire des économies.

— *Elles* ont eu une chic' idée, tout de même, de s'amener de Paris... Passe-moi tes histoires. »

Ces histoires ce sont des livraisons de revues

---

[1]. Office de la Fête du Sacré-Cœur, 1ʳᵉ et 2ᵉ leçon.

parisiennes, des journaux marqués d'un tampon rouge : « Don aux Armées. »

Le matin, un prêtre du train m'avait lu une lettre d'un de ses paroissiens, un brave jeune homme qui se bat sous Verdun.

Je recopie quelques phrases :

« Il y en a vraiment trop qui oublient où ils sont, à la merci de la mort. Ou qui plutôt pour oublier qu'elle est là parlent de tout un tas de bêtises. Et tout le mal est fait ici par les mauvaises lectures qui abondent, alors qu'on est incapable de trouver même un bon journal.

« Les plus immondes revues parisiennes traînent jusqu'en première ligne mettant dans l'esprit du combattant des désirs qui leur font tout oublier même le devoir. »

Ces « plus immondes revues parisiennes » les voici. Les blessés les ont emportées comme viatique. Ils se montrent les images... Ces jours-ci, M. Henri Joly, de l'Institut, écrivait dans *La Croix*[1] un bel et courageux article qui nous change d'une certaine littérature éperdûment optimiste. Et sans doute il faut hausser les cœurs, sans doute il y a au front des âmes magnifiques, mais est-ce les bien servir que de laisser volontairement dans l'ombre les inconcevables difficultés dont elles doivent parfois triompher.

1. *La Croix*, 22 juillet 1916.

La Croix, à plusieurs reprises, a parlé d'une invasion de notre front par une presse immonde et par autre chose encore. Elle a cité des lettres désolées. M. Henry Joly, à son tour, ne veut pas être « un chien muet ». Il parle de ces « bandes de louves » que rien n'arrête, qui envahissent la zone des armées : « Aux abords des hôpitaux et des ambulances, partout enfin où est signalé un uniforme, la bête s'y rue comme sur une proie...

Les instants de repos de nos soldats sont assaillis par ces bandes de « ribaudes » que Jeanne d'Arc ne craignait pas de pourchasser, le bâton à la main. »

Il faut lire tout ce vaillant article. Rien n'y est exagéré. Pauvres enfants qu'on a voulu défendre contre le prosélytisme clérical.

Je récite mon chapelet... Peu à peu, les ordures imprimées disparaissent, les conversations se haussent. L'air redevient pur.

Dimanche 2 juillet. Visitation de la Sainte-Vierge et solennité du Sacré-Cœur. — Nous avons évacué nos blessés dans les villes de l'Yonne. A Saint-Florentin, j'ai revécu par la pensée les heures lugubres de la débâcle, en septembre 1914. Depuis lors, la France s'est ressaisie, s'est organisée. Trains sanitaires, ambulances et hôpitaux fonctionnent normalement, avec ce minimum d'imperfections humaines qui ne sera jamais totalement évité. Mais bien des âmes aussi hélas ! se sont ressaisies.

Cravant (Yonne).

Tandis qu'on lave nos brancards, qu'on brûle du soufre dans nos fourgons, je vais assister aux vêpres.

L'église, sa grande tour carrée, sont un pur bijou de la Renaissance italienne. J'entre. Une douzaine de femmes perdues dans la vaste nef. Pourtant c'est la fête du Sacré-Cœur. Les Prussiens seraient-ils passés ici? Les colonnes délicatement ouvrées, les voussures du transept partent en écailles. De larges plaies s'ouvrent dans les chapiteaux, un immense pilier de bois soutient la voûte ruineuse. Par les verrières brisées, des moineaux entrent, portant des pailles, des vermisseaux dans leur bec, sans s'inquiéter du chant des psaumes. Ils ont fait leurs nids dans les orgues, dans le creux des ogives et les blessures des murailles.

Les vêpres finies, je vais saluer M. le Curé à la sacristie.

« L'auditoire était un peu restreint aujourd'hui, M. le Curé..

— Pas plus que les autres jours. Et encore la plupart de ceux qui étaient là n'appartiennent pas à la ville.. C'est l'Yonne cela.. Nous ne sommes pas gâtés..

— A quelle cause attribuez-vous cette invasion de paganisme ?

— A plusieurs : le bien-être, le jansénisme, les luttes politiques, les écoles. Un journal d'Auxerre dirigé par un défroqué, mon condisciple du grand séminaire — dont les parents, les grands-parents, avait été imprimeurs de l'évêché — a fait dans nos régions un mal immense.

« Corruptio optimi pessima ».

Je sors : devant la statue du Sacré-Cœur, sous la flamme rouge de la lampe du tabernacle, dans l'église désolée, deux ou trois *enfants* sont à genoux.

Ils prient en silence, tandis que les moineaux et les hirondelles volent par la nef.

En ce vingt-quatrième mois de la guerre, ces enfants à genoux, c'est peut-être l'arc-en-ciel dans les cieux obscurs.

Le pape a donné le signal d'une offensive générale des puissances de l'invisible. Il a fait appel aux faiblesses toutes-puissantes. Aux enfants du monde entier il a demandé de communier pour l'Église le 30 juillet. Il leur a dit l'immense pitié des âmes et des nations, et les angoisses de son âme à lui le Père commun. Il a ouvert ses bras répétant la parole du Christ : « Laissez venir à moi les petits enfants. »

« J'ai besoin que leur bataillon soit rangé autour de moi et de l'Église. Le poids des destinées est devenu trop lourd.

« Pour le soulever il faut des prières de choix, le sacrifice de ceux qui n'ont pas péché, la supplication des maîtres du royaume. »

Et nous, ayons foi.

Que sur toute la terre de France et dans la chrétienté entière la *Croisade des Enfants* s'organise, non seulement pour le triomphe des justes droits des nations, mais encore pour le triomphe des justes droits de Dieu [1].

---

1. Cf. A. Bessières : *La Croisade des Enfants.* 1 vol., Beauchesne, Paris, 1917.

IV

Notes et crayons

I. — Prêtres

1. Ambulanciers

Fleury-sur-Aire.

Août 1916. — Le train s'est engagé avec des allures de vieux percheron circonspect et rassis, machine en tête, machine en queue, sur la nouvelle voie, au ballast mal tassé, qui reliera Verdun à Revigny.

Nous traversons de petites villes blanches, de tentes et de planches, Evres, Nubécourt, surgies en plein bois, au milieu des abattis de chênes. Une poussière de craie, soulevée par les convois d'automobiles, blanchit les arbres. Les pins et les hêtres se sont revêtus d'une robe blanche de fantômes.

Fleury.

L'aspect fantomatique des choses s'accentue.

Au-dessus de la ville blanche, silencieuse, les avions ont un bourdonnement lointain de vols d'oiseaux en migration; sur les routes aux lacets blancs, lès convois d'autos se croisent au geste silencieux des territoriaux.

Dans l'Aire qui coule au fond d'un creux de prairies et de roseaux, un régiment de tirailleurs annamites fait ses ablutions. Nus jusqu'au torse, petits, bronzés, ils plongent parmi les longues herbes, prennent sur la berge un bain de soleil, en pagne blanc.

Sommes-nous aux bords du Fleuve Rouge, où glissent les jonques aux carênes plates? Le missionnaire va paraître en sa voiture à bœufs... Le voici.

C'est même un évêque missionnaire qui traverse la voie et vient à moi. Grande barbe blanche, croix pectorale, ceinture violette, ruban rouge de la Légion d'honneur.

« Vous êtes Jésuite, mon Père?

— Oui.

— Moi, avant de partir pour la Mission de Madagascar, j'ai professé plusieurs années dans votre collège Saint-Ignace d'Anvers.

— Et vous allez, Monseigneur?

— A Harécourt, rejoindre mon corps, j'ai 65 ans. On faisait des difficultés pour m'admettre comme aumônier militaire. Enfin, tout s'est arrangé. J'ai déjà été aumônier en temps de paix. J'avais quelques droits à le redevenir en temps de guerre. Je suis bien content. Il me tarde de rejoindre mes nouveaux enfants.

— Oui, vous êtes heureux, Monseigneur, et combien nous vous envions. »

Le train part, la grande barbe blanche disparaît, là-bas, au milieu d'une foule de têtes noires : un régiment de tirailleurs sénégalais et malgaches.

Landrecourt.

Tout le long du chemin, les tombes nous ont fait cortège. Dans ce désert, elles n'ont pas la belle allure des bords de la Marne. Les herbes folles et les ronces ont envahi les tumuli, les fleurissant d'églantines et de fleurs sauvages.

Les ambulances sont dans un repli de terrain, à quelques kilomètres de Verdun. Du haut de la colline, la ville martyre apparaît toute proche, au bout de la vallée. Voici les tours de la cathédrale dressées ainsi que deux signaux. Le soir l'horizon s'emplit de flammes rouges, blanches, et qui tremblent avec les larges vibrations des éclairs.

Le matin, la pluie de la nuit a fait des chemins défoncés des fleuves de boue.

Les avions ennemis sont venus hier jeter des bombes sur les ambulances. Ils viennent d'ailleurs, à peu près tous les jours. Dans la morgue — une baraque de planches au bord de la voie — trois cadavres sont étendus sur leurs brancards et recouverts d'un grand drapeau tricolore.

Du chemin, une voix discrète me hèle.

Un convoi monte vers le cimetière de l'ambulance. Une voiture, sur laquelle on a attaché le brancard où repose le cadavre. Trois soldats suivent retenant de leurs mains le corps, aux cahots du chemin. En tête, un soldat en casque, une étole noire sur sa capote bleue. Un prêtre du Gers, un de mes anciens compagnons du train.

Nous voici arrivés. On descend le brancard. Le corps enveloppé dans une toile d'emballage plie sous les cordes.

Le voilà au fond de la fosse taillée au pic dans la craie du coteau. Mon ami récite les dernières prières, puis tire de sa poche un quart de fer blanc, une fiole d'eau bénite, dont il verse le contenu dans le quart, un petit rameau de buis. Il bénit la tombe, le corps. Puis me passe le rameau. Les fossoyeurs de la territoriale sont sortis des tombes, au fond desquelles ils s'étaient couchés pour faire un peu de sieste, car le soleil s'est levé. Ils prennent le rameau et bénissent le corps en se signant.

Nous redescendons. J'interroge mon ami.

« Que devenez-vous ?

— Nous revenons de Fleury que nos régiments du Midi ont repris en se faisant décimer.

— Votre travail à l'ambulance ?

— Oh ! un peu de tout : terrassiers, vidangeurs, infirmiers, cantonniers. Voilà nos cagnas. Pas luxueux...

— En effet... Un trou avec une toile de tente par-dessus.

— Nous sommes là plusieurs prêtres.. Même quand les officiers sont incroyants, ils tolèrent ou même désirent que nous redevenions à l'occasion un petit peu prêtres, pour que nos camarades s'en aillent dormir leur sommeil avec quelque honneur. Car l'aumônier, vous pensez bien, aurait trop à faire. Il n'est pas à l'ambulance d'ailleurs, mais, à plusieurs kilomètres d'ici avec les troupes.

« Alors, à tour de rôle, nous sommes de la corvée du cimetière sous les ordres du sergent. Voilà comment il arrive qu'entre plusieurs métiers nous fassions, même le nôtre. »

2. Aumôniers : Le Grand-Père

Baudonvillers (Haute-Marne).

Un régiment d'artillerie lourde est ici au repos : des Bretons et des Vendéens.

« Venez demain soir au salut, m'a dit le maréchal des logis — un jeune prêtre, professeur dans un petit séminaire de Bretagne, croix de guerre, deux fois cité à l'ordre du jour — qui vient de donner le salut et de faire chanter ses Bretons. Venez, l'aumônier sera là. Un type : 68 ans, jésuite, missionnaire diocésain en Bretagne, ancien combattant de 1870. Il n'a pas volé ses décorations : croix de guerre, Légion d'honneur, en plus de la médaille de 1870. Il ne faut pas dire qu'il est brave, mais fou... d'une bravoure folle, insensée. Il est entendu qu'il va où on n'enverrait pas un chien. Il y a quelques mois on l'a cru mort, les côtes défoncées par un obus. Il est revenu à moitié guéri. Impossible de le tenir à l'hôpital. Il s'est guéri en trottant à cheval d'un poste à l'autre, à crever son *canasson*.

« Aussi, il est adoré de nos soldats; d'ailleurs il les connaît à peu près tous, ayant, toute sa vie, missionné dans leurs villages. On a eu le bon esprit de le leur laisser, en régularisant sa situation d'aumônier bénévole. »

6 *heures du soir.* On n'y voit goutte. Il pleut.

Les chemins du village sont devenus des étangs. Deux maréchaux des logis, croix de guerre, M. l'abbé et un jeune instituteur, tirent sur les cordes des cloches. La petite église éclairée par une douzaine de bougies, est archi-comble. Pourtant, on revient de la manœuvre et les artiflots ont eu à peine le temps d'avaler leur soupe. Mais le vieux est là.

Un galop de cheval. Le voilà. Grande barbe grise, calot d'officier. Ses trois décorations sous le camail.

Une, deux. Le voilà dans le chœur.

Après l'accolade :

« Je fais une conférence dialoguée. Objections sur le Pape : « Le Pape représentant de Dieu devrait

se déclarer carrément contre les Boches, etc... »
Comprenez?

— Oui.

— Voulez-vous faire le diable? Me donner la réplique?

— Volontiers.

— Allons, mes petits, approchez. On n'y voit rien là-bas. J'ai un cantique nouveau. Un cantique à Jeanne d'Arc sur un air breton. Ça va entrer comme un couteau dans du beurre. Je commence.

« Répétez, ça y est. Parfait. Mais approchez donc, là-bas. Vous n'y voyez rien. Deuxième cantique : Reine de l'Armor. Ah! vous y êtes. Pour celui-là pas besoin de répéter. Pas vrai?

« Maintenant, une dizaine de chapelet pour nos camarades qui sont aux tranchées et pour la victoire.

« Notre Père.

« Donnez-nous.

« Pas ça. On dirait que vous êtes enroués mes fils.

« On va faire comme chez nous. Côté droit, première partie, gauche, seconde.

« A droite, commençons. Notre Père.

« A vous, maintenant, bien. Un peu de contrebasse encore sur la gauche. Allons, parfait.

« Au cantique, j'entonne. »

Toutes les voix reprennent, graves, profondes, et

tout cela est émouvant comme un Pardon breton, autour des larges pelouses fleuries de Sainte-Anne d'Auray

Puis, la conférence. Oh! la conférence!

Ce nouveau mode de sermon paraît intéresser fort nos Bretons. Un brin d'inquiétude sur les visages d'abord. Que va répondre le Grand-Père?

Faudrait pas qu'y se laisse coller par un bleu! Ah! Le Grand-Père s'en tire magnifiquement. Il tient en selle. Pas mèche de le désarçonner.

Et le diable lui-même s'avoue convaincu.

Le diable... c'est moi.

Bénédiction. Un dernier cantique qui fait tout trembler.

« Au revoir, mes enfants. A un de ces jours. »

La foule s'est écoulée.

J'accompagne le Père.

« Vous voyez, je n'ai pas changé de métier. Avant la guerre, j'allais de village en village, missionner; maintenant, je vais de poste en poste donner du cœur aux gas. »

Ah! voilà le canasson.

Un magnifique cheval noir.

Le Grand-Père relève sa soutane.

« Le cheval est un peu haut pour mes jambes. Une fois en selle, ça va. Mais, pour monter, il me faut une borne. Bon, le mur du cimetière. »

Le voilà debout, sur le pan de muraille écroulé.

Hop! En selle.

Le maréchal des logis lui met les rênes en main.

« Mon Père, vous feriez bien de prendre la grand'-route. On n'y voit goutte, les raccourcies sont pleines de fondrières.

— Bah! je m'en tirerai toujours, je prends au plus court. »

Et le voilà parti dans les champs.

— 68 ans, dit le maréchal des logis. Tel que vous me voyez, habitué à manier le cheval, il me fatigue quand je veux le suivre. Et il relève d'une blessure qui aurait démoli un bleu.

« Les majors, et aussi les soldats, ont vu là une vivante apologie de la vie chaste. »

3. *Terrassiers*

Souilly.

7 *octobre*. — Fête du Saint-Rosaire.

A Landrecourt, la position n'est plus tenable. On prépare ici, en plein champ, de nouvelles ambulances.

Il y a là des équipes de soldats menuisiers, charpentiers (qui gagnent 100 sous par jour) et des équipes de curés (qui gagnent cinq sous par 24 heures).

Comme les curés sont des charpentiers et des terrassiers médiocres, on les a accueillis, fraîchement.

Mais, ils seront toujours bons pour les besognes inférieures : marmitons, plongeurs, casseurs de cailloux, terrassiers, avec les prisonniers boches, sous les ordres d'un soldat de première classe, car eux, n'ayant fait qu'un an de service, et n'ayant pas eu la faculté de suivre le peloton, sont soldats de deuxième classe, et cela pour l'éternité.

Les voici une quinzaine, curés et révérends Pères, dans une boue sans nom, crottés jusqu'à la nuque, une pelle ou un pic entre les mains, mêlés aux équipes de prisonniers. Les ouvriers charpentiers, les forgerons, qui sont des messieurs, maîtres dans leur service, ont un malin sourire, pas méchant.

Dame, mon Révérend, par le temps qui court il sert de peu d'avoir étudié pendant dix ans ; d'être docteur en théologie et en philosophie et même docteur ès lettres, et même chanoine, et professeur de grand séminaire ou de faculté, et même d'avoir écrit des livres d'histoire. Un petit diplôme de pharmacien de deuxième classe ou de maître tailleur vous serait autrement profitable.

Il est vrai que le Ministre de la Guerre s'est plaint au Sénat d'un « gaspillage des forces nationales ». Peut-être si la guerre dure dix ans, vous sera-t-il donné de devenir plus utiles. Utiles comme vos grands-pères qui sont aumôniers et enrichissent leur sacerdoce d'un peu de gloire, utiles comme vos nourrissons, vos petits élèves d'hier, ceux du service de trois ans, de beaux gas d'officiers maintenant et qui pourront épingler demain, sur leur soutane, la croix de guerre et la croix de la Légion d'honneur.

Pourtant, on ne *s'en fait pas* parmi vous, et je vous entends riant d'un rire jeune, les pieds dans l'eau, un sac sur les épaules, une pelle à la main.

Utiles... ne l'êtes-vous pas plus que nul autre? Vous avez médité, ce matin, les mystères du Rosaire. Ah! ce n'est pas le *Rosaire au Soleil!*

Vous avez médité les mystères de l'humilité : c'était un pauvre ouvrier divin; dont la vie ne fut qu'une longue corvée. Et il sauvait le monde. C'était un pauvre ouvrier venu tout exprès du ciel des étoiles, pour prendre le manteau royal de la pauvreté, de l'obéissance, de la souffrance. Ah! comme vous comprenez cela maintenant, mes frères.

Vous « ne vous en faites pas », parce que, malgré l'obscurité des heures, vous devinez que votre rôle est *le plus beau*, le plus grand. Vous savez que les vraies souffrances sont celles de l'âme.

Et vous avez la fierté légitime de vous dire que nul des prêtres de notre armée, nul de nos soldats n'ayant de plus purs sacrifices à offrir, nul n'a plus de mérite, nul par conséquent plus d'utilité. Les hommes peuvent se tromper qui n'ont pas lu ou compris l'Évangile, Dieu qui voit les cœurs ne se trompe pas.

Chaque pelletée de terre que vous remuez de vos bras malhabiles et déjà lourds — vous avez passé la quarantaine — c'est un peu de terre pour les substructions de la France que vous rêvez : la France rachetée.

4. Pascal

Clermont-Ferrand.

Octobre 1916. — Pascal a dû bien rire. Son profil aigu sous les arbres de l'esplanade où les premiers froids ont mis un peu d'or et de rouille nous fixe, tandis que nous descendons vers le grand marché, notre hotte à la main.

Un Révérend et deux curés, sous les ordres du cuisinier en second.

Le cuisinier a longuement marchandé des raisins qu'on lui cède à 20 sous le kilo parce que c'est lui ; des ails, deux sous la tête..., parce que c'est lui ; des choux, trois sous pièce et des carottes deux sous la botte..., parce que c'est nous.

« Vous comprenez, ma bonne dame, répète le cuistot, je suis borné, je suis borné, j'ai vingt francs à dépenser, pas un radis de plus. Demandez à mes hommes. Combien ce fromage ? »

Pendant ce temps, la dame aux ails est copieusement injuriée par sa voisine, une vieille sorcière édentée, parce qu'elle a donné sa marchandise à un prix « de paix ». Ce qui n'est plus de jeu.

La puissante Auvergnate se défend, son bol de soupe à la main, et atteste tout le marché que c'est faire œuvre pie et patriotique, oui, que de céder les ails à deux sous la tête, pour les pauvres blessés. On en a vu un descendre du train qui n'avait quasiment plus de bouche, plus de mâchoire, mais un trou rouge à la place. Hélas ! l'abbé Cousin qui tient une oreille de la hotte a soigné ce malheureux avec des attentions de mère, pendant deux nuits.

Notre panier est plein. Nous remontons des ruelles humides pavées de basalte, bordées de jolis pignons ogivaux en pierre des volcans. De nouveau, nous voici sous les yeux de l'homme noir, au masque tourmenté.

Pascal, Pascal, pour voir la vie et les hommes et même les Révérends, sous un aspect plus équitable, il ne vous a, peut-être manqué que de vivre en 1916, de mener pendant 26 mois la vie d'un soldat de deuxième classe, et de soigner des blessés, et d'allumer leur pipe, de faire le marché sous les ordres du cuistot en second, et de tenir à côté de moi l'oreille de la hotte aux ails, aux carottes, aux raisins et aux bons fromages d'Auvergne.

II. — Troupes noires

1. Laminé Samaké

Septembre 1916. — Je l'ai installé dans mon wagon avec sept autres Sénégalais : trois Noirs du Sénégal, trois Arabes algériens, un Noir de la Martinique. Avec eux, quatre Français, des ouvriers du bassin de Saint-Etienne.

Le Martiniquais a fait d'abord quelques difficultés.

« Comment t'appelles-tu ?

— Joakim Tertullien.

— Catholique ?

— Oui... je ne veux pas être avec ces nègres. Je suis Français moi. Je parle français, tu vois. Je ne comprends pas leur langue. Je ne suis pas de leur race. Je veux voyager avec des Français.

— Mais il y en a quatre dans le wagon sans compter moi...

— Alors, je veux bien. »

N° 2. Un Arabe Ben Nacem Ben Mohamed, une image du Sacré-Cœur piquée au képi.

« Tiens, tu es catholique ?

— Non. Mais en France, religion Français. »

N° 3. Laminé Samaké. Celui-ci vient du désert.

Vingt ans, des yeux très clairs, une magnifique statue de bronze.

Dès qu'il a été installé sur le brancard d'en haut, Laminé s'est assis, une couverture ramenée sur sa tête, absorbé en une méditation silencieuse, puis il a tiré de sa musette un livre relié de carton rouge, rapetassé de débris de ficelles : le Koran. Pendant les deux heures de jour qui restent, il psalmodie ses prières arabes, levant ses mains, inclinant la tête.

Le ravitaillement : je m'approche de Laminé.

« Du vin ? Laminé ? »

Un sourire.

« Non. Défendu. Eau.

— Du saucisson ? »

Il regarde de près.

« Ça, porc. Défendu. Merci.

— Du tabac ?

— Non. »

Il dîne d'un verre d'eau, d'un bout de pain, d'un morceau de fromage, et reprend le Koran.

Le sergent sénégalais placé au-dessous de Laminé, les Arabes algériens n'ont plus ces scrupules. Ils rient. Vin, saucisson, cigarettes, ils acceptent tout.

Le n° 4, un masque farouche, avec des yeux où passent des flammes, imite la fidélité de Laminé et crache sur le plancher quand je lui offre du saucisson.

J'allume la lanterne. La nuit vient. Laminé récite

sa dernière prière. Mes territoriaux fument leur dernière pipe, laissent tomber leurs journaux, s'endorment.

Je ramasse ces journaux pour les parcourir à la lumière de la veilleuse et savoir, pauvres amis héroïques, quels rêves ont été suggérés à vos cerveaux dociles par le papier d'un sou.

Voici un conte du *Matin* : La tombe d'un soldat... Deux femmes arrivent, la *maîtresse*, l'*épouse*, et toutes deux d'un même geste déposent des fleurs sur la terre fraîchement remuée...

Puis, voici un numéro de *Fantasio* [1], taché de vin, de boue, page 165 : « *L'œuvre du flirt sur le Front !* Nous sommes débordés de demandes... Mesdames, vous qui connaissez l'œuvre et savez tout ce qu'elle peut pour le réconfort de nos soldats, organisez, prêchez, développez notre belle œuvre... » Moi aussi, je m'assoupis tout près de Laminé en songeant à la *course du flambeau* au jour des « lampadophories »... et aussi d'une terre riche où l'on a semé l'ivraie à pleines mains.

...Le soleil se lève sur les vignobles de la Côte-d'Or. Laminé a repris son livre rouge et, tourné vers le soleil levant, recommencé ses oraisons. Bourg, Grenoble, le lac du Bourget... Le soleil se couche. Les eaux sont comme une nappe d'argent

---

1. N° du 15 septembre 1916.

liquide, puis, le soleil disparu, prennent des teintes d'un bleu vert où courent des reflets d'or.

Laminé nous a quittés avec un large sourire silencieux, après avoir mis sous sa tête son livre rouge.

2. *Malgaches*

Sermaize.

25 *août* 1916. — Une compagnie de Malgaches s'entraîne au métier de conducteurs d'autocamions. Il y en a de noirs aux grosses lèvres lippues, au nez écrasé, à la bouche fendue jusqu'aux oreilles, longs, osseux, gênés par leurs godillots et leur uniforme neuf : les Sakalaves. D'autres, petits, agiles, bruns, le profil régulier et fin des races ariennes : les Hovas.

Monsieur le Doyen m'a rendu d'eux un bon témoignage. Plusieurs, ces jours-ci, sont venus communier dans l'église restaurée, avec une piété exemplaire. Ce soir j'ai poussé la porte à claire-voie, traversé la nef sans toit pour faire ma prière dans le chœur restauré. Au matin du 15 août, j'ai confessé là et communié bon nombre de soldats et d'officiers venus pour quelques jours de repos.

Aujourd'hui, la *croisade des Enfants* offre à N.-D. de Lourdes des milliers de supplices ; aujourd'hui, mon ami *Jean Thorel*, le chantre de la Croisade[1], vient de paraître devant Dieu.

---

1. Voir *De l'Art à la Foi*, Jean Thorel, sous presse.

La petite rotonde est déserte. Mais non.

A côté de moi, le bruit d'un chapelet qu'on égrène.

C'est un soldat malgache, à genoux sur le pavé de pierre, immobile, les yeux vers le tabernacle.

Je reste là une demi-heure, trois quarts d'heure. Il n'a pas bougé, j'entends seulement le bruit de ses lèvres et celui des grains de son rosaire.

Une équipe de touristes est entrée, a fait le tour de l'église, lui n'a pas bougé.

Sept heures. Voici le sacristain qui sonne l'angélus, je sors. Le petit tirailleur n'a pas bougé. Le sacristain s'approche de la porte, secoue ses clefs. Puis voyant qu'il n'est pas compris, s'approche du Malgache, lui touche l'épaule.

« Sortir... Fermer... Nuit...

— Oui. »

Sans se presser, il achève son Ave et sort.

Je l'attends sur le seuil.

« Toi catholique ?

— Oui, catholique, catholique.

— Madagascar ?

— Oui, Fianarantsoa, Père Smith, baptême, communion.

— Moi aussi Père, ami Père Smith.

— Ah ! moi content. »

Son visage régulier, jeune, s'éclaire d'un large sourire.

— Moi, tu vois, chaque soir, chapelet beaucoup, pour Vierge, content.

— Tu as communié pour la Vierge, mardi, Assomption ?

— Moi vouloir souvent communier. Si tu veux, demain. Mais pas savoir l'heure pour messe, ni Père où habite.

— Sept heures, Monsieur le curé, bien gentil. Allez le voir, là.

— Oui, aller, demain, puis, communier beaucoup. »

Un groupe de Malgaches traverse la rue.

« Ceux-là, catholiques aussi ?
— Oui. »

Il les appelle. Présentations.

« Lui, lui, baptisés Marseille.
— En arrivant de Madagascar ?
— Oui. »

Il leur explique ma qualité de Prêtre, d'ami du P. Smith...

Ils me montrent leur chapelet, leurs médailles, leurs images du Sacré-Cœur.

« Vous, communier pour la Vierge Marie.
— Vierge Marie, oui, oui. »

3. *Le Fou*

Un tirailleur annamite, 18 ou 20 ans. Quelques poils de moustache, des yeux en olive qui brillent comme des escarboucles sur la face jaune. On nous l'a amené sous la pluie, délirant. Un flot de paroles qu'on ne comprend pas. De grands gestes vers l'horizon.

— Le cafard, le mal du pays.

A peine entré dans le wagon, il s'est jeté sur l'infirmier. Nous l'avons ligoté à son brancard avec quelques sangles, je le caresse. Il rit, me fait un long discours. Je prends sa main, il la serre comme dans un étau.

Pauvre petit.

Je lui donne un comprimé d'opium dans un peu d'eau. Ses yeux se fixent sur la petite lucarne où filtre une lumière pauvre, cherchant peut-être le soleil de là-bas, celui qui se joue sur l'étendue verte des rizières et dort dans le calice ouvert des larges fleurs portées sur les eaux. Il s'endort.

Demain, il s'éveillera doux comme un agneau, mais délirant toujours.

V

Nescio quid Majus

Lyon.

8 Septembre 1916. — *Nativitas Beatæ Mariæ Virginis.*

Six heures du soir. Je me réveille sur la chaise où je suis tombé assommé de fatigue et de sommeil après un voyage de cinquante heures.

Un premier coup de canon vient d'être tiré des hauteurs de Fourvière. L'heure de la bénédiction de la ville, je descends sur le quai Tilsitt.

Tout le long du quai de la Saône, quai des Célestins, rue Bellecour, place Bellecour, plus loin, sur les quais du Rhône, une immense foule est à genoux.

Le soleil, un peu obscur, se voile de légers nuages errants. En face de nous, dominant les fleuves et l'immense ville : Fourvière, la Maison d'Or, la Tour de David, à l'architecture décevante par un symbolisme trop riche, une profusion écrasante d'hymnes, et de chants, et de supplications gravés dans la pierre.

Et pourtant, elle ne pouvait être différente, elle

devait être telle, d'un style unique et sans précédent, isolée en sa mystérieuse splendeur, la basilique bâtie sur le sang de nos premiers martyrs — tout près de la prison de saint Pothin et de sainte Blandine, les premiers témoins — la Basilique du vœu [1] et de l'espérance.

Depuis le début de la guerre, des milliers d'*ex-voto*, lettres de soldats, photographies, marbres, s'accumulent, se pressent, s'entassent dans l'ancienne église aux murs enfumés par l'éternelle flamme des cierges. Nous sommes ici à un des centres vitaux de la France chrétienne.

Sous la tente rouge, au bord de l'esplanade, l'Évêque a élevé l'ostensoir d'or vers la ville.

Un deuxième coup de canon...

Un silence prodigieux plane sur la foule. Les tramways se sont arrêtés. Les cloches de la ville sonnent à toute volée. Toutes les têtes s'inclinent vers la terre.

Soldats, officiers en uniforme, blessés, femmes, enfants, ouvriers et bourgeois, mêlés, pressés, courbent la tête sous la bénédiction qui descend des hauts lieux.

Un troisième coup de canon.

---

1. La Basilique de Fourvière fut bâtie à la suite d'un vœu fait par la ville le 8 octobre 1870. Si Lyon était préservé de l'invasion une souscription publique élèverait une Basilique à côté du modeste sanctuaire de la Vierge érigé en 1630.

La foule se relève, s'écoule recueillie, presque silencieuse. Beaucoup portent sur leur poitrine l'image du Sacré-Cœur. Celui qui s'est fait depuis le commencement de la guerre l'infatigable semeur de la petite fleur rouge, qui s'est employé à couvrir la poitrine de nos soldats du drapeau du Sacré-Cœur est là à côté de moi [1].

Il me dit quelles furent les pensées de cette foule aux deux bénédictions qui précédèrent celle-ci, depuis le commencement de la guerre.

Le 8 septembre 1914. — La foule était à genoux dans la boue.

Il pleuvait à torrents. Une volonté de faire violence au ciel était dans toutes les âmes. La retraite de nos armées, la marche de l'ennemi sur Paris, creusait devant les esprits le gouffre d'un effroyable inconnu. Et pourtant, non, une impression singulière de confiance surnaturelle s'imposait aux cœurs. On sentait le miracle. Le miracle possible, attendu, voulu, certain.

Le lendemain un mot éclatait secouant les âmes : la Marne.

Le 8 septembre 1915. — Tout est gris, le ciel, les âmes. C'est l'attente, l'incertitude, l'affaissement.

Aujourd'hui : 8 septembre 1916, encore des

1. Le R. P. Perroy.

nuages dans le ciel, c'est tout de même le soleil, la certitude, la dilatation.

La victoire vient.

Sept heures. — La Saône roule des flots d'or pâle. Une grande paix tombe du ciel, où, une à une, naissent les étoiles. Sur sa tour, la Vierge d'or ouvre ses bras.

Deux grandes ailes montent vers le ciel, les ailes de l'Archange. Un immense drapeau tricolore vient battre les pieds de la Vierge qui foulent le serpent.

A notre droite, les lumières s'allument dans les quartiers de la Croix-Rousse. Les pétroleurs et les incendiaires de l'Année Terrible descendirent ces pentes groupés sous les plis du drapeau noir, du drapeau rouge. On les vit envahir ces quais.

Maintenant, le drapeau national est porté si haut — jusqu'aux pieds de la Vierge suzeraine — et ses plis sont lourds de tant de gloires, saints de tant d'immolations !

Qui donc oserait demain en arborer un autre ?

Et je me laisse bercer au rêve certain, mais maintenant élargi encore, qui faisait vibrer ces foules prosternées, il y a deux ans.

Au milieu de nos impatiences et de nos souffrances quel nouveau chef-d'œuvre inconnu s'ébauche par les mains de l'artiste divin, modeleur et ciseleur des patries ?

Nous sentons sur notre chair la morsure du ciseau.

Et le marbre vivant gémit.

Pourtant, nous devinons que chaque coup du long et minutieux cisèlement tend à un chef-d'œuvre voulu et connu.

La première Marne a sauvé l'enveloppe charnelle, et cela n'était que l'ébauche de l'œuvre.

Nous attendons la seconde Marne, celle qui portera le dernier coup de ciseau jusqu'à l'âme de la France immortelle et en fera surgir l'unique chef-d'œuvre.

Le voile est encore sur le marbre. Nous ne voyons que des formes incertaines.

Mais nous attendons, nous imposant de calmer la fièvre de nos pauvres cœurs, de faire confiance à l'ouvrier qui sait, nous attendons dans la foi et l'espérance parce qu'Il nous aime.

TABLE DES MATIÈRES

PREMIÈRE PARTIE
1914

	Pages
I. — Retour d'exil....................	1
II. — La Mobilisation.................	8
III. — Premier contact. Verdun..........	17
IV. — La Débâcle.....................	28
V. — Les Dernières angoisses..........	32
VI. — L'Étau. Saint-Mihiel.............	47
VII. — Lérouville.....................	56
VIII. — Angélus du soir................	62
IX. — La Toussaint en Argonne.........	65
X. — Noël en sanitaire................	78
XI. — Domremy......................	100

DEUXIÈME PARTIE
1915

I. — Les Docteurs de la sainte Pauvreté. — Ars-en-Dombe...............	109
Châtillon et saint Vincent de Paul..	141

		Pages
II.	— Les Humbles à l'honneur : Louis Léculier....................	152
III.	— Jeunesse Nouvelle................	180
IV.	— De l'Ossuaire de la Marne au front de Champagne.................	187
V.	— Le Camp de Châlons.............	196

TROISIÈME PARTIE
1916

I.	— La Bataille de Verdun.............	217
II.	— L'« Éternelle Recommenceuse » — Sermaize.....................	229
III.	— La Fête du Sacré-Cœur...........	249
IV.	— Notes et crayons :	
	1°. — *Prêtres* : Ambulanciers. — Aumôniers : « Le Grand-Père ». Terrassiers et Manœuvres.........	260
	2°. — *Troupes Noires* : Laminé Samaké........................	273
	Malgaches.....................	276
	Le Fou........................	278
V.	— *Nescio quid Majus.* — La Bénédiction de Lyon, 8 septembre 1916.	280

PARIS. — IMP. LEVÉ, 17, RUE CASSETTE. — S.

MÊME LIBRAIRIE

EN FACE DE LA DOULEUR. Le rôle de Dieu. — L'attitude de l'homme, par le Père Antonin Eymieu. In-8 couronne (66 pages).................... **1 fr.**; *franco*, **1 fr. 25**

PENSÉES CHRÉTIENNES SUR LA GUERRE. Eglise et Patrie. — Mors et Vita, par Jules Lebreton, professeur à l'Institut catholique de Paris. In-8 couronne (78 pages). **1 fr.**
Franco.. **1 fr. 25**

AU PRIX DU SANG, par Pierre Lhande.
Table : — I. Guerre et Providence. — II. A l'école de la Force. — III. A l'école de la Douleur. — IV. Le sang au regard de Dieu. — V. Martyre et pseudo-martyre : 1° La cause. — VI. Martyre et pseudo-martyre : 2° L'attitude et la peine.
5e *édition*. 1 vol. in-8 couronne (147 pages)........ **1 fr. 50**
Franco.. **1 fr. 75**

MÉDITATIONS DU PRISONNIER, par Dom F. Hébrard, de l'abbaye Saint-Martin de Ligugé. 1 vol. in-12 écu.................... **2 fr. 75**; *franco*, **3 fr.**

Les Problèmes de la guerre. — **LES BERCEAUX TRAGIQUES.** Roman, par Albert Giuliani, lauréat de l'Institut. 1 vol. in-8 couronne (286 pp.), *franco*............. **3 fr. 50**

Etude, sous la forme vivante et concrète d'un roman social, de l'un des problèmes les plus angoissants soulevés par l'invasion, celui des naissances illégitimes, provoquées par la violence.

Les étapes du calvaire, que gravit jusqu'à la croix lumineuse le héros principal du drame, sont tracées en des pages où la sûreté de la doctrine et la conscience professionnelle de l'auteur s'allient à un remarquable talent littéraire. A travers les chapitres de ce roman, écrit avec tout le tact que commandait la délicatesse du sujet, se détache, en lumière, la haute et noble figure d'un prêtre en qui s'incarnent les principes immuables de la vérité catholique.

Par l'élévation de la pensée, la grandeur du sujet, la beauté du style, la noblesse des sentiments et la vérité profonde de la thèse, les *Berceaux tragiques* resteront parmi les meilleurs ouvrages que la guerre aura suscités. C'est un beau livre, un livre courageux et un livre vraiment chrétien.

Paris. — Devalois, 144 av. du Maine (11 dans le passage).

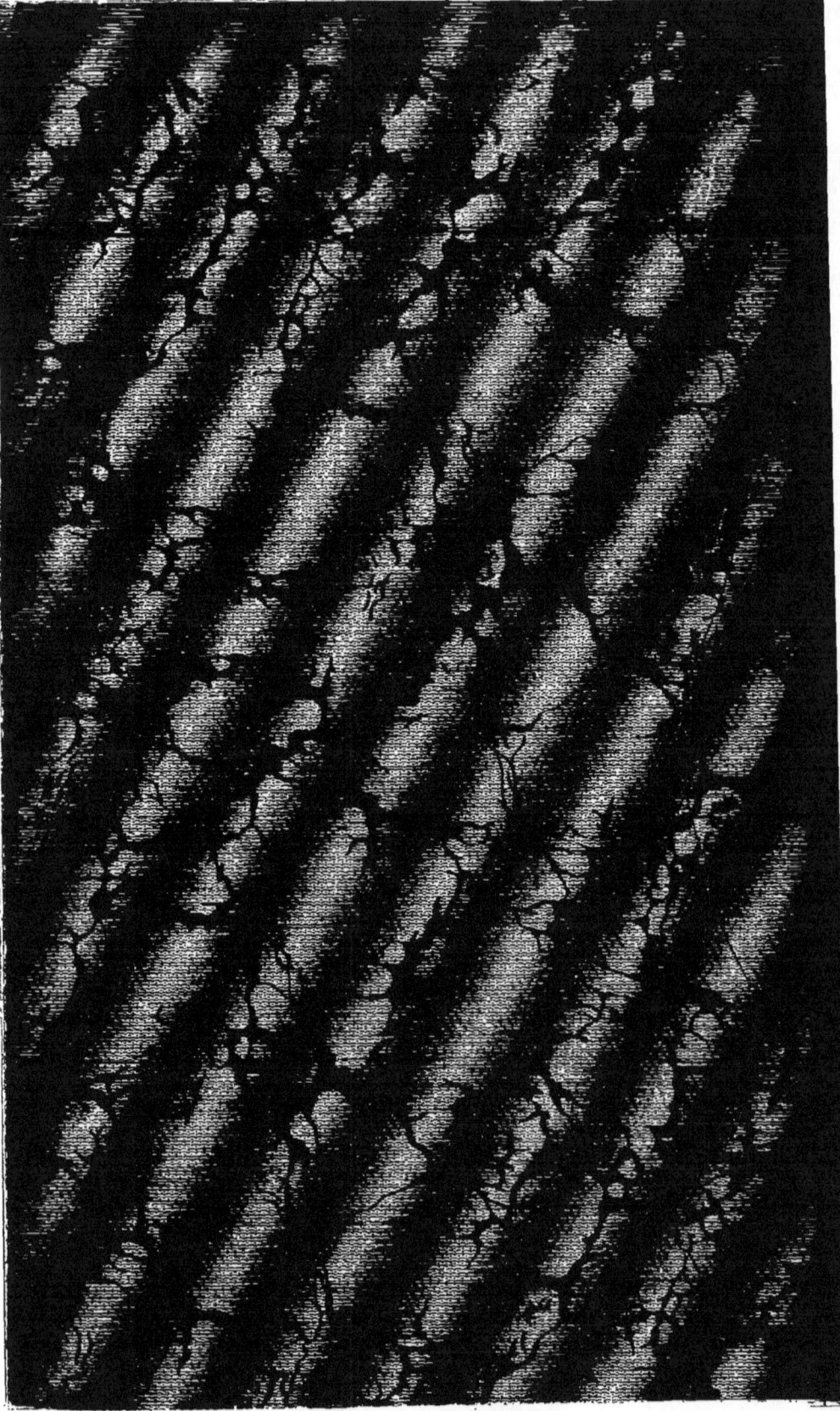

www.ingramcontent.com/pod-product-compliance
Lightning Source LLC
Chambersburg PA
CBHW071348150426
43191CB00007B/887